韧性社区
城市建设与治理的新维度

RENXING SHEQU

CHENGSHI JIANSHE YU ZHILI DE XINWEIDU

王雨 ◎ 著

中国社会出版社

国家一级出版社·全国百佳图书出版单位

图书在版编目（CIP）数据

韧性社区 ：城市建设与治理的新维度 ／ 王雨著 ．
北京 ：中国社会出版社，2024．12． —— ISBN 978-7
-5087-7116-8

Ⅰ．D669.3

中国国家版本馆 CIP 数据核字第 2024FM8190 号

韧性社区：城市建设与治理的新维度

出 版 人：程　伟

终 审 人：李新涛

责任编辑：孙武斌

装帧设计：时　捷

出版发行：中国社会出版社

　　　　　（北京市西城区二龙路甲 33 号　邮编 100032）

印刷装订：北京九州迅驰传媒文化有限公司

版　　次：2024 年 12 月第 1 版

印　　次：2024 年 12 月第 1 次印刷

开　　本：170mm×240mm　1/16

字　　数：166 千字

印　　张：12

定　　价：48.00 元

目　录

第一章

绪 论

面对日益频发的灾害风险，如何系统增强城市的安全韧性已成为当前重要的理论与政策研究问题。党的二十大报告和"十四五"规划对这一问题均给予了高度重视，明确指出要推进韧性城市建设，提高公共安全治理水平和公共安全保障能力。习近平总书记在《国家中长期经济社会发展战略若干重大问题》一文中强调，"城市发展不能只考虑规模经济效益，必须把生态和安全放在更加突出的位置，统筹城市布局的经济需要、生活需要、生态需要、安全需要。要坚持以人民为中心的发展思想，坚持从社会全面进步和人的全面发展出发，在生态文明思想和总体国家安全观指导下制定城市发展规划，打造宜居城市、韧性城市、智能城市，建立高质量的城市生态系统和安全系统"。《中华人民共和国国民经济和社会发展第十四个五年规划和 2035 年远景目标纲要》明确提出，要顺应城市发展新理念新趋势，建设韧性城市，对老旧小区进行改造与提升。上述重要政策文件为推动未来社区实现韧性发展指明了清晰的方向。

国际视野中，韧性社区同样是城市可持续发展的核心议题。2002 年，倡导地区可持续发展国际理事会（Local Governments for Sustainability，ICLEI）在联合国可持续发展全球峰会上提出"韧性"概念；2005 年第二届世界减灾大会和 2015 年第三届世界减灾大会均围绕"韧性"主题进行了深入讨论。2015 年发布的联合国《改变我们的世界——2030 年可持续发展议程》中明确提出加快韧性基础设施建设，建设更加包容、安全和韧性的城市和居住区等有关韧性的可持续发展目标①。2016 年，第三届联合

---

① United Nations. Transforming our world: the 2030 agenda for sustainable development [EB/OL]. (2015) [2024-06-06]. https://sdgs. un. org/publications/transforming-our-world-2030-agenda-sustainable-development-17981.

国住房与可持续城市发展大会（人居Ⅲ）提出要转变城市化模式以应对未来发展的新挑战，尤其需要解决气候变化、非正规、不安全以及不可持续的城市发展问题。联合国人居署《国际城市报告2022》更是高度关注城市的安全与韧性发展，将城市公共卫生列为优先事项，提出增强城乡环境适应和应对冲击与压力，迈向更可持续的未来。

城市的韧性是指在面临自然灾害、气候变化、疫情等外部冲击时，城市能够保持其功能和稳定性的能力。为实现这一目标，需要加强基础设施建设，提高城市抗灾能力，确保民生设施正常运行。此外，还要加强城市治理，提升城市在应对突发事件时的协同应对能力，以保障城市的可持续发展。结合宜居城市的人民美好生活的发展导向和智慧城市对现代信息技术手段的利用，实现城市资源的配置优化。在推进高质量可持续发展的大背景下，应全面考量经济、社会、文化、生态和安全等多个维度的协同发展需求，并加强城市治理中的风险防控工作。社区作为城市构成的基本单元，其韧性能力建设备受关注。推动资源、管理、服务向街道社区下沉，加快建设现代社区，是提升城市整体韧性的重要途径。众多学者已对此进行了深入研究，而全球各国也正积极付诸实践，并已初见成效。

一、韧性社区的外部需求：应对加剧的自然社会风险

（一）全球灾害风险的逐年上升

2022年世界经济论坛发布的《全球风险报告》① 显示，极端气候事件与自然灾害事件位列全球十大高风险事件的前两位。我国是世界上自然灾害最为频发的国家之一。2021年郑州"7·20"特大暴雨灾害导致严重城

---

① World Economic Forum, Global risks report 2022 [EB/OL]. (2022-01-11) [2024-06-06]. https://www.weforum.org/publications/global-risks-report-2022/.

市内涝、交通瘫痪、房屋倒塌等，给当地人民的生命和财产安全造成了巨大伤害。我国应急管理部发布的《2022年全国自然灾害基本情况》[①]显示，全年各种自然灾害共造成1.12亿人次受灾，直接经济损失高达2386.5亿元。随着城镇化进程的加剧，人口和信息资源要素不断向城市聚集，城市全天候面临着各种灾害风险。尤其是近年来，地震、海啸、火灾、流行病、恐怖主义等危险事件频发，城市的脆弱性暴露得越加明显，城市风险管理成为关注焦点。

（二）疫情后的居安思危

新冠疫情凸显了韧性社区的重要性，社区层面的相关研究在新冠疫情暴发后大量涌现。韧性不仅关乎社区的防疫管理，还关乎社区抵御流行病危机并从中恢复和反思的能力。新冠疫情极大地暴露了城市系统的脆弱性，过去城市的结构扩张极大地促进了人、物、信息在城市中的高度聚集性流动，城市系统虽然便捷，但同时也越发复杂和混乱。虽然我国社区在过去积累了相关应对经验，但社区级精细化防疫体系仍需要建立更加精准和智能的预测—管控机制。韧性社区建设往往根据分析传播规律、所处周期，建立匹配的防控指标，配合精准化空间干预手段，并结合管控社区单元特征进行重点和差异化配置，这些领域目前还缺乏系统性研究。在过去快速城市化过程中，我国的城市建设对于疫病防治缺乏考虑，社区层面尚未建立完善的防疫专项和应对社会风险的应急规划。

与洪涝、雪灾等自然灾害相比，公共卫生事件因其成因复杂、难以预测，且具有传播隐秘、暴发快速等特点，更易对社会发展造成全方位冲击。我国城市高密度城区环境的典型特征是人员流动性强、空间积聚性高，这使得公共卫生事件的冲击在城市与社区的控制难度也相对更大。在

---

① 中华人民共和国应急管理部. 应急管理部发布 2022 年全国自然灾害基本情况 [EB/OL]. （2023-01-13）[2024-06-06]. https：//www.mem.gov.cn/xw/yjglbgzdt/ 202301/t20230113_ 440478. shtml.

公共卫生事件越加频繁的时代，有效防范和应对公共卫生风险的韧性能力已成为高密度城市地区发展的显著短板。将疫情的危机监测—预警—应对纳入社区韧性评估，建设适应性更强的社区，以更好地应对未来挑战，确保社区长期福祉和可持续性发展。

二、韧性社区的内部动因：中国式现代化与社区发展模式转变

我国现正处于全面建设社会主义现代化国家的关键时期。社区作为现代城市生活的基本单元，承载着人民对美好生活的向往。中国式现代化的社区模式，以人民为中心，强调幼有所教、老有所养、残有所助、孤有所扶、老有所依，旨在打造一个幸福、和谐、安全的社区环境。中国式现代化的社区发展模式紧紧围绕人民群众的需求，以提高服务水平、畅通民意渠道、打造平安社区、关注特殊群体为指引，旨在构建一个充满活力、和谐共生的美好家园。当前，大量社区正在进行服务升级，整合教育、医疗、养老等资源，提供一站式服务。同时，社区也需要引入更多的社会资源与社会力量，对接更多的个性化需求。弘扬邻里团结精神，关爱特殊群体，针对幼、老、残、孤群体，提供居家养老、康复训练、关爱教育等社区支持，为老人、孩子等重点群体建立社区服务功能站；完善社区协商议事机制，定期召开居民议事会，建设社区信息化管理平台。上述现代化转型有利于增强人民群众的获得感、幸福感和安全感，有利于推动全面建设社会主义现代化国家进程。

在社区发展转型过程中，随着我国制度体系的不断变革，居住区规划经历了多重变革与演变，其核心目标始终是为了给人们创造良好的居住用地条件，打造更加舒适、经济、实用的居住环境。2018 年，我国正式颁布

并实施了《城市居住区规划设计标准》①，该标准旨在提升居住品质。在规划标准中提出了"生活圈"的概念，并将其细分为 5 分钟、10 分钟、15分钟三级生活圈居住区，以更好地满足居民的日常出行特点与需求。这一变化意味着，公共服务设施的规划配置不再简单地遵循过去的"服务半径"或"千人指标"，而是更加灵活和人性化，不再局限于居住用地范围。随着新时期居住区规划的相关导则陆续修订，从过去以居民生活条件和经济发展为导向的居住区规划逐渐向注重居民需求的方向转变。通过引入居民生活圈的概念对居住区规模和等级进行了重新规划，规划者更加注重居住区单元空间结构的连通性以及相邻单元间的要素流通。引入生活圈的概念从居民日常出行的徒步时间来计算出生活圈的规模，并在此生活圈内布置日常生活所需的公共服务设施及休憩广场等。新导则的修订正是充分体现了综合考量居住区人性化设计和居民的生活需求。

（一）社区生活圈与完整社区营造

社区生活圈营造已成为我国城市社区发展的重要议题。上海市率先在2014 版城市总体规划中提出了"十五分钟社区生活圈"的构想，并于2016 年正式发布了《上海市 15 分钟社区生活圈规划导则》②，旨在打造在城市社区生活的"微中心"，以满足人们居住、工作、学习等日常需求，营造和谐、有序、健康的生活环境，打造便捷、开放、共享的社区空间。上海打造 15 分钟生活圈的有效手段是城市的有机更新，即在很多高度建成的存量城市环境中注重"小体量、低密度、渐进式"的发展模式。上海社区生活圈概念的推行取得了良好的成效，各大城市相继效仿，使"15 分

---

① 住房城乡建设部. 城市居住区规划设计标准［EB/OL］. （2018-11-30）［2024-06-06］. https://www.mohurd.gov.cn/gongkai/zhengce/zhengcefilelib/201811/20181130_238590.html.

② 上海市印发《关于上海市 15 分钟社区生活圈规划导则（试行）的通知》（沪规土资详〔2016〕636 号．

钟—10 分钟—5 分钟生活圈"逐步融入各大城市规划与建设实施之中，并成为各界学者关注的热点。

有关建设安全健康、设施完善、管理有序的完整社区以及完善 15 分钟生活圈服务配套设施的议题，已多次被纳入政府工作报告。我国杰出的科学家、"国家最高科学技术奖"获得者、两院院士吴良镛曾于 2010 年提出了"完整社区"的概念，他强调，社区是人最基本的生活场所，社区规划与建设的出发点是基层居民的切身利益。不仅包括住房问题，还包括服务、治安、卫生、教育、对内对外交通、娱乐、文化公园等多方面因素，既包括硬件又包括软件，内涵非常丰富。具体而言，在社区 5~10 分钟步行范围内，完善基本公共服务设施、便民商业服务设施、市政配套基础设施和公共活动空间，是开展城市建设补短板行动的有效抓手。

（二）城市更新与老旧小区改造

鉴于城市建设的不可逆特征，已建成区域的空间环境难以在短期内进行大规模重塑，因此，以更新和修补为导向的治理型规划成为近期城市建设的工作重点。在这一背景下，加强对存量社区的精细化管理和适应性规划，特别是针对老旧社区的空间系统提升，是构建韧性社区议题的重要组成。面对全球灾害频发的现实和社区防灾能力普遍薄弱的现象，很多老旧社区已不能完全适应现代城市的发展趋势，尚存在安全隐患及配套设施不足等问题。在应对城市频发的不确定风险时，老旧社区往往表现出防灾能力弱、恢复能力差、适应能力差等特点，无法保证基础设施在紧急情况下的有效运行，从而加剧了社区的灾害隐患。在灾后恢复阶段，老旧社区往往无法通过自身应急预案恢复社区系统，而是依靠外部力量（如政府）进行重建，这一过程耗时长、成本高。

过往大量研究对韧性的实现方式集中于对新建社区的规划，对于既有社区韧性建设的系统研究相对较少，也尚未形成完整的韧性评估技术和政策支持体系。通过应用韧性理论探索出一套适用于老旧社区的发展体系是对韧性社区现有研究的拓展与补充。原有的老旧社区在面临灾害时，应尽力在确保社区正常运行的同时，积极增强其恢复能力，从而降低灾后恢复与重建的难度。为了更好地应对未来可能频发的各种风险，应引入相关韧性理论作为指导，推动老旧社区物质空间的提升。当前，针对老旧小区韧性问题的研究和实践越来越多，这紧密契合了我国提升人居环境质量、构建韧性城市的现实需求，具有重要的实践指导意义。

三、韧性社区的发展前景与应用场景

（一）韧性社区的发展前景

韧性社区的优势体现在其能够在面对自然灾害、社会冲突及其他突发事件时迅速恢复并适应。许多社区在面对灾害时往往采取"硬扛"的方式，主要依赖固有的结构被动应对，在面对极端灾害时则显得力不从心。韧性社区则不同，它的特点包括生命财产损失可控、主要功能不中断或可快速恢复、备灾救灾系统完善且能快速启用、灾害不发生链式反应与次生灾害少、灾后恢复快且基本满足社会需求。韧性问题是一个跨部门和多尺度的复杂议题，需采用系统的方法来管理社区环境的脆弱性，以应对不确定性场景的复杂性和关联性。在韧性城市建设中，会根据城市现状和灾害风险程度，建立多尺度及分体系的韧性框架，选取适合的韧性指标体系，采用定性定量相结合的方法进行建设指导。

美国国家科学研究委员会（United States National Research Council，NRC）在其 2012 年度报告中强调了提升韧性以应对灾害的重要性。随着全球气候变化和自然灾害的频发，提高国家和社会的韧性已成为当务之急。韧性是指面对压力、冲击或变化时，系统、组织或个人展现出的适应、恢复和发展的能力。为增强国家韧性，报告提出了多项建议：一是加强科学研究和技术创新，投资基础研究和应用研究，发展新技术和方法以更好地应对自然灾害。二是促进跨部门合作，政府、企业、学术界和民间组织共同应对灾害挑战。三是提高公众意识，通过教育和宣传，提高公众对灾害风险的认识和应对能力。四是完善政策和法规，制定和完善相关政策和法规，为提高国家韧性提供制度保障。五是加强国际合作，与其他国家和国际组织合作，共享经验和技术，共同应对全球灾害挑战。增强韧性是一个长期而复杂的过程，需要政府、企业和社会各界的共同努力。

（二）韧性社区的应用场景

1. 综合评估与韧性能力建设

现状评估是韧性社区建设的基础，旨在全面了解社区面临的挑战。在实施韧性建设之前，对社区现状进行全面评估至关重要。评估应采用多种方法，包括数据收集、实地考察和专家访谈等，以确保准确识别社区的潜在风险和挑战。评估范围应涵盖社区的各个方面，如自然环境、社会经济、基础设施和人文环境等，以便全面把握社区的优势和劣势。在大多数社区中，社区机构的预期绩效和恢复能力存在高度不确定性，且支持社区规模规划和评估的工具有限。由于经济和人力资源的固有局限性，评估和减轻灾害事件对社区系统和韧性影响的方法和工具必须以风险为依据。物理、社会和经济系统的性能和相互依存关系非常复杂，通过韧性体系可优化公共和私人投资，节约公共与个人成本，提高社会抗风险能力。

以人道主义行动平台建设韧性社区为例，其过程通常需要 7～10 年的长期投入。在建设初期开展深入研究时，通过基线弹性评估的方式识别现有资产、资源、能力及脆弱性和威胁，同时鼓励社区多部门合作参与韧性能力提升计划，这意味着让个人、社区、区域在适当的情况下成为国家利益攸关方。此外，还可以借助专业模型监测和评估韧性提升的进展情况，如 CARE 国际韧性框架、ARC－D 韧性工具包（Analysis of Resilience of Communities to Disasters）等技术工具的支持。

2. 灾害场景的分析应对与针对性策略制定

社区面临的来自自然灾害和公共安全的风险和挑战正日益加剧。为有效应对这些风险，社区应深入分析各类风险的影响机理、发生概率和影响程度等因素。在此基础上，制定针对性的应对策略，这些策略应涵盖预防措施、应急响应和恢复重建等方面，以形成综合应对方案。

以公共卫生事件为例，在面对传染病频发的情况下，如何运用有效工具与策略在居民密集的城市中既有效防控疫情蔓延，减少对社区人员健康的威胁，又减轻其对经济和社会造成的冲击，成为亟待深思的课题。未来社区建设应以增强疫情抵抗韧性为核心导向，既要保障人们日常健康生活的品质需求，又要具备应对突发公共卫生事件的能力。社区承担起了基层防疫的重要使命，社区空间环境也成了抗疫的关键战场，在应对疫情初期，很多城市社区只能采用封闭管理措施来遏制疫情。因此，加强韧性城市建设，应对未来可能的各种传染病的暴发，系统性提升应对公共卫生事件的安全防护能力已刻不容缓。社区是城市空间配置和公共卫生事件防控的基础单元，在日常为人们提供居住、健康和商业休闲等多元化服务的同时，也需要在疫情时期承担起初诊筛查、信息核查、监督执行和互助等关键防疫职责。

四、本书章节结构介绍

本章作为全书的开篇部分，引出了韧性的概念，对韧性社区产生的时代背景、政策环境及发展前景进行了梳理。

第二章讨论韧性理念与社区韧性的研究进展，分析评估与监测体系的构建方式、原则及内容。

第三章为韧性社区在全球视野下的政策工具分析，进而探讨国内外关于韧性社区的实施政策及其构成维度。

第四章介绍社区物质环境韧性。分析复杂的社区物质环境运行系统，通过五个维度的逐次分析及国内外案例解析，对增强应对典型风险的社区物质环境建设进行有针对性的解读。

第五章分析社区服务韧性。结合社会发展演变特征规律与社区人群需求，通过分析社区服务与社会需求的联动关系，探讨如何通过韧性更好适应未来的升级发展与服务优化。

第六章介绍社区治理韧性。关注社区组织与公众参与，分析政府、企业和公民在提高社区韧性方面的相关社会制度和动员方案。

第七章介绍未来韧性社区的实施框架与行动路径，分析韧性社区成功实施的关键步骤，并形成项目实施流程。

第二章

韧性社区的概念及维度解读

一、韧性概念辨析

韧性（resilience）一词源于 19 世纪 50 年代的机械物理学领域，用于描述物体在外力作用下变形后自行恢复到原始形态的一种物理性质。20 世纪 70 年代，这一概念被生态学家霍林（Holling①）引入生态学领域，用于阐述生态系统在面对外来冲击时，其主要结构和功能的自我适应和恢复能力。到了 20 世纪 90 年代，韧性概念被进一步广泛应用到生态环境、城市规划等诸多领域。韧性理论经历了从工程学到生态学等多学科的演进，形成了包括"系统说""恢复能力说""扰动能力说""适应能力说"在内的主流观点，明确了韧性是复杂系统的一种固有能力，该能力集合了多种能力，且具有一定的过程建设性。

当前，学术界对"韧性"尚未形成统一定义，但多以社会生态学为基础研究其内涵，强调在自然界与人类社会相互依存的社会生态系统中，面对高度不确定风险时，维持各组成系统持续和稳定发展的能力。这表现为复杂系统回应压力和限制条件而激发的变化适应、调整、自我恢复的可持续能力，同时，注重人作为客观世界的主宰，发挥主观能动性，如制定管理制度、开展改造活动等。在韧性综合研究中，工程韧性（engineering resilience）、生态韧性（ecological resilience）和社会韧性（social resilience）被用于分析人类系统怎样应对扰乱，但始终未能达到最佳的平衡点。

不同国家对于韧性社区的概念有不同的描述，根据美国国家标准与技

---

① C. S. Holling，加拿大生态学家，1973 年发表有关生态韧性的论文，对比工程设备固有的一种弹性和生态系统作为特定生态系统类型之持久性弹性的不同。

术研究院（National Institute of Standards and Technology，NIST）① 及其他联邦级机构在 2013 年应用政策指令中的韧性定义，韧性是"为预期的危险做好准备、适应不断变化的条件、承受中断并从中断中迅速恢复的能力"。但该定义尚缺少附带要素作为衡量韧性的标准。学术界、政府和私营部门的研究人员正逐步探索定量和定性衡量社区韧性的研究方法，并将相关指标及措施应用到社区韧性研究、灾害和适应规划决策支持工具中。现如今，韧性概念逐渐被学界和业界理解为一种复杂的系统，用于指代不断适应系统的可持续发展路径，称为自适应韧性（Adaptive Resilience）或演进韧性（Evolving Resilience）。由于研究领域不同，对韧性的意义和理解也各有不同。例如，有理论研究认为城市韧性是一种作用力，即城市在一系列变化与组合过程中展现的高度吸收力，即对外界波动能够自我转变与化解的能力。韧性联盟（Resilience Alliance）则将其定义为城市系统消解外界的冲击与袭扰，并保持系统自身典型特征、重要结构和主要功能的能力，涵盖生态韧性、工程韧性、社会韧性、经济韧性 4 个方面。

国内学者也在不断探索韧性的内涵。邵亦文等学者将其定义为系统通过合理准备，能够缓冲和应对不确定扰动，实现社会安全、社会秩序和经济发展等稳定运行的能力。在城乡规划学领域，沈迟从"韧性"的反义词"刚性"出发，认为钢筋水泥构建起来的城市森林虽然为人居生活提供了便利，但路面硬化、原生态景观逐渐被人工景观取代的变化也导致了生态环境变化，影响到居住的舒适度和应对灾害的弹性，让人们感到困扰。李彤玥阐述了韧性城市的概念，梳理了国外不同方向的韧性城市研究框架，比较了可持续城市和韧性城市的异同，并对中国未来韧性城市的发展进行了展望。此外，也有将韧性与脆弱性、抗压性混用的情况，并认为韧性等

---

① National Institute of Standards and Technology. Community resilience［EB/OL］.［2024-06-06］. https：//www. nist. gov/community-resilience.

于脆弱性。但曼耶纳、张益章等学者对这种说法进行了修正，认为韧性的重点应该是能够在最短的时间内少依赖或不依赖外界援助从灾难中恢复过来，并在这一过程中增强自身能力。徐耀阳则从工程技术、社会经济两个领域分析韧性概念，认为工程技术领域的韧性指的是物理系统的稳定性，当系统受到外部扰动时，恢复原来平衡性越快则系统韧性越强；而社会经济领域更强调个体或组织的应对能力。城市韧性也从传统的工程韧性中转型升级，将城市当成一个高度复杂的适应性系统或"系统中的系统"，进一步融合了工程韧性、生态韧性和社会经济的内涵。他引用了美国洛克菲勒基金会的观点，认为城市韧性是系统对突变性扰动或缓慢性扰动的生存、适应和发展能力。邵亦文解析了国外文献中的韧性概念和韧性思想，比较了工程韧性、生态韧性、演进韧性3种观点，指出城市韧性存在3个共同点，即城市系统的多元性、城市组织的灵活性和适应性以及城市系统的储备能力。

二、韧性的框架解析

进入21世纪以来，随着城市城镇化、网络化、信息化的高速发展，人类面临的危机和不可预料的风险不断增多。社会生态学的"韧性"理论成为破解城市危机、促进城市可持续发展的有效指导方法。在城市发展中，"扰"来自四面八方，小到居民就业、子女就学，大到地震、洪涝、环境污染、经济危机等，这些干扰和破坏因素严重影响了城市的可持续发展，吸收和抗击干扰的能力达到弹性阈值，对其韧性能力带来了巨大考验。专家学者们试图探究更适宜城市自身发挥韧性的规划方法，旨在最大限度地发挥城市自身韧性，以抵御和抗击外界干扰，并通过最小限度的人为干预，帮助其恢复到干扰前的最优状态，即以韧性这一概念的初衷为起点，应用到不同的研究领域中去。以工程领域为例，如何考虑工程项目的韧性属性？它指的是在面对压力或干扰时，工程项目能适应不断变化的条件并保持或恢复其功能和活力的能力。这里对工程的压力或干扰可能是飓风、地震或其他自然现象。近年来，如何提升工程设计和建造方法，以增强项目预防、抵御灾害能力，并从灾难性事件中迅速恢复，已成为重大科学问题。同时，受不断加剧的全球气候变化影响，气候韧性也已成为工程领域的重要考虑因素。当前，我国城市已迈入可持续发展的新阶段，既需要应对全球气候持续变化的长期挑战，又需要解决各种灾害风险频发的现实难题。在此背景下，大力推动城市高质量发展和高水平治理的一项重点内容就是提升社区应对外来灾害与风险冲击的韧性能力。

韧性城市的概念在国外起步较早，多年前就已形成了较为完备的研究体系。2005 年，在日本兵库神户召开的世界减灾大会制定了《2005—2015 年兵库行动框架：提高国家和社区的抗灾能力》（HFA）①，首次将韧性概念引入灾害控制体系。随后，《2015—2030 年仙台减少灾害风险框架》作为兵库行动框架构建国家和社区的抗灾力的后续公约，提出了 5 个主要目标，分别是降低灾害风险和提高抗灾能力；建立完善的灾害管理体系和预警系统；加强基础设施建设和城市规划；促进跨学科、跨部门和跨地区的合作与协调；提高对灾害风险的认识和教育。仙台框架强调了减少灾害风险的重要性，并提出了一系列目标和措施，以确保全球社区的安全。在实施仙台框架的过程中，各国政府和相关组织积极采取措施，提高国家和社区的抗灾能力。一方面，加强基础设施建设，提高建筑抗震防灾能力；另一方面，完善城市规划设计，确保城市居民的安全。此外，还加强了对灾害风险的监测和预警，以应对可能发生的灾害。同时，各国政府和相关组

---

① The World Conference on Disaster Reduction, Hyogo framework for action 2005-2015: building the resilience of nations and communities to disasters [EB/OL]. (2005-01-18) [2024-06-06]. https://www.unisdr.org/2005/wcdr/intergover/official-doc/L-docs/Hyogo-framework-for-action-english.pdf.

织积极参与全球性论坛，分享经验和技术，建立紧密联系，共同应对灾害挑战。然而，提升城市韧性仍有许多挑战需要克服，如提高灾害防范和应对能力的均衡发展、加强跨部门和跨地区的协作等。2012年，联合国减灾署启动了亚洲城市应对气候变化韧性网络，旨在从气候入手提升城市韧性。在实际应用中，评估工具可广泛应用于城市规划、应急管理和区域发展等领域。

在全球范围内，越来越多的城市开始关注韧性问题，并将其纳入城市规划和发展的议程。通过分享经验和最佳实践，这些城市可以相互学习，共同提升韧性水平。同时，国际组织、政府部门和非政府组织也在积极推动韧性城市建设，为城市提供技术支持和资金援助。其中，"全球100韧性城市"项目是一个具有重要意义的倡议，它旨在帮助城市应对21世纪日益严峻的挑战，提高城市的生存、适应和发展能力。通过加强国际合作和交流，共同推动韧性城市建设，为全球可持续发展作出贡献。该项目将城市韧性定义为城市（包括个体、社区、机构、商业体或系统）在遭受任何持续慢性的压力或突然的灾害冲击时能够生存、适应并发展的能力。这种能力不仅包括抵御外部威胁能力，还包括从危机中恢复和重建能力。为了实现这一目标，参与"全球100韧性城市"网络的城市已经获得了必要的资源来制定通往韧性的路线图，主要沿着以下4个路径进行：提升城市的基础设施和公共服务水平，促进经济多样性和包容性，建立强大的社区和社会联系，培养创新和学习能力。此外，针对"全球100韧性城市"总结出了七大特征，包括灵活性、冗余性、稳健性、智谋性、反思性、包容性和综合性，希望能协助世界各地的城市增强韧性，以应对21世纪的挑战。值得一提的是，美国总统国家基础设施咨询委员会（The President's National Infrastructure Advisory Council，NIAC）就关键基础设施的物理和网络威胁向白宫提供建议，并提出了韧性建设的4R框架：稳健性（Robustness）、智谋性（Resourcefulness）、快速性（Rapidity）和冗余度（Redundancy）。NIAC 的 4R 框架有助于构建对韧性社区的完整解读。

稳健性是指在面对危机时维持关键运营和功能的能力。虽然并非每栋社区建筑都需要在危机期间保持运营，但对于那些需要运营的建筑来说，稳健性至关重要。例如，医院不仅对患者负有责任，而且在危机期间，它们还经常成为社区的安全避风港。这使得稳健性成为医院设计的重要优先考量因素。智谋性则是指熟练地准备、应对和管理危机或中断的能力。它包括制订社区业务的连续性计划、优化供应链管理、优先采取行动以控制和减轻损害，并有效地沟通决策。其中许多元素都依赖于智谋性，以最大限度地减少对外部资源的依赖，并在危急时刻实现灵活性。快速性是指在中断发生后能够尽可能快速有效地恢复或重建正常运营的能力。它包括精心起草的应急计划、高效的应急行动，以及将正确的人员和资源运送到所需地点的机制。快速恢复的需求是社区系统在面对损坏或破坏后仍能继续运行的一个重要因素，以便在直接威胁过去后仍能继续运行。冗余度是构建系统组件的额外重复，以便在发生故障时形成替代原始组件功能的应急方案。冗余度的功能设计如备用发电机、额外供暖和制冷设备、备用水源等，均可帮助社区在遭遇灾难时迅速恢复，减少因故障而造成的损失。

三、社区韧性的研究进展

（一）社区的基本概念

社区被定义为一群具有共同特征的个体集合，在本书中特指一定区域范围内居民所共享的居住地理空间。普遍认为，社区的概念源自西方，并已经历了百年的演进历程。最先将"社区"这个词用于研究的是德国社会学家滕尼斯（1887），他用以描述人与人之间的关系。在《社区和社会》一书中，"社群"被看作在一定社会关系与地域范围内，具有共同特有文化、情感和心理特征的共同生活的人群。查斯金认为，社区是归属和身份的有效联合单元,是生产、交换、社会关系网络的功能单元,是反映一种集合行动的单元,也是提供一系列危机应对和保护因素来影响社区居民福祉的在地环境。在社会科学中,它大多指生活在同一个地方或具有特定共同特征的一群人。《牛津词典》将社区定义为"城镇或城市内的一个地区或社群"或"特定地点、个人或物体周围的区域"。《朗文词典》则将其描述为"一个特定地方周围的区域,或居住在那里的人"。而《柯林斯词典》在其解释中还包含了"睦邻关系",体现了基于社区成员——人的社会学视角。20世纪20年代,克拉伦斯·佩里(Clarence Perry)在美国提出了"邻里单元(Neighborhood)"①的概念,关注附近学校的步行可达性,将5分钟的步行距离定义为邻里边界。其综合规划理念将居住、便利设施和交通结合在一起,构成了类似今天的社区发展。20世纪90年代出现的"新城市主义"倡导了一种新的宜居社区模式,该模式强调紧凑型和行人友好型,旨在遏制西方城市的无序蔓延,突出了混合使用、多样性和社区生活质量的重要性。中国自2000年以来发行的城市规划教材指出,"社区"是指一个固定的地理区域,其社会成员共同生活在特定的环境和社会规范中,这里不仅产生了空间功能,还形成了复杂的社会网络。总之,我们可以从世界范围内对邻里关系的讨论中发现一个趋势:理想的城市邻里关系发展应该具有四个关键要素,即人、地理边界、社会互动和社会认同。

在国际上,韧性社区组织发展与进程和我国存在很大的差异。首先,受到国情与土地政策的影响,我国的社区通常是严格按照控制性规则要求划分用地单元后形成的独立用地的封闭居住小区,而国外的社区概念则更为宽泛。在欧美及亚洲部分发达国家中,社区通常指地理上邻近的居住区

---

① PERRY C A. The neighborhood unit: a scheme of arrangement for the family-life community [M] //Regional Plan Association. Regional plan of New York and its environs: volume vii: neighborhood and community planning. 1929: 21-140.

域，或者由于不同的政治、宗教信仰、种族差异、经济收入等因素聚集而成的群体聚落。相比国内由不同群体自由购买的封闭商品房小区，国外社区在形成之初就建立了共同目标的社会纽带，这使得社区更易形成相互信任的稳固型社区组织。

回顾社区的发展建设历程，从早期的强调空间环境到后来的综合性规划，大致经历了四个发展阶段：

第一阶段（20世纪初到20世纪40年代）：社区被视为物质空间规划的基本单元，社区规划作为工具存在。邻里单元理论提出了"社会—空间"框架，但因没有提出解决社会问题的方案且忽视多样性的追求而持续受到批判。

第二阶段（"二战"后到20世纪60年代）：社区规划强调物质空间环境的优化。但这一过程中出现了空间隔离等问题，引发了学者的批判和反思。

第三阶段（20世纪60年代至20世纪末）：社区规划开始探索社会、政治、经济和空间等领域的全面综合发展方法。以社区行动为立足点，政府、市场、社会多主体协调参与，实现了环境、经济、社会、文化等全面整合，并兴起社区综合规划的新形式。新城市主义强调以人为本的思想。

第四阶段（21世纪以来）：社区面临气候变化、绿色转型等新问题和新挑战。这引发了学界对韧性在社区层面的关注（表2-1）。社区规划已涵盖空间、社会、经济与文化等多个方面，研究呈现以动态和过程视角取代传统静态和结构视角的趋势。实践领域则注重社区规划的主动性和社区关系网络与社区意识的影响。政府、市场和社会等多主体共同参与协调，形成了具有系统运行框架的综合性社区规划体系。

表 2-1 韧性社区的相关概念汇总

	韧性社区概念	来源
能力	系统抵抗、吸收灾害冲击，防止状态发生改变的稳定能力	阿杰等，2005
	为预期的灾害做好准备，适应不断变化的条件，以及承受破坏并从中断中迅速恢复的能力	美国国家标准与技术研究院
	系统应对灾害、适应新环境的能力	威尔逊，2012
	促进社区居民安全和逆境缓冲的物质、物理、社会政治、社会文化和心理资源的发展能力	艾哈迈德等，2004
	在考虑到脆弱性的基础上，帮助社区预防、抵御和减轻健康危害压力，恢复到社区原有自给自足状态，并至少恢复到相同水平，以及利用先前经验加强社区下次健康危害的承受能力	钱德拉等，2011
过程	从设施韧性、环境韧性、治理韧性和资本韧性进行疫前建设的长期过程，从突发公共事件和各种抵御疫情措施的疫中防控短期过程，从韧性调整到疫后恢复水平的疫后恢复较长期过程	于洋等，2020
	遭遇灾害后，系统在能力帮助下正常运行并成功适应灾害的过程	弗兰·H. 诺里斯等，2008
	为了减少灾害影响，系统有目的地发展自身资源、提高适应能力的过程	艾哈迈德等，2004；威尔逊，2012
目标	系统适应能力提高或成功适应灾害的目标	威尔逊，2012

（二）社区韧性概念的发展演进

社区是城市的基本组成单元，韧性社区则是城市韧性在更为精确的社区空间尺度上的演绎。社区韧性主要指的是社区系统在面临内外部风险时展现出的抵御、恢复和持续学习的能力，这也是城市韧性的组成部分。然而，到目前为止，关于韧性社区的概念在学术界尚未形成统一且标准的解读。我国学者彭翀深入阐述了社区韧性的概念和内涵，并系统介绍了国外社区韧性评估的框架，包括评估对象、评估内容和评估方法。此外，崔鹏则从韧性社区的概念、维度和评价体系3个方面入手，综述了国内外关于韧性社区的相关研究文献，并得出以下结论：

1. 概念界定的一致性：虽然国内外对韧性社区的概念还没有统一的定论，但在内涵的阐述上却有共同点，即强调维持、适应、转化与提升四大能力。

2. 研究维度的差异：国外研究韧性社区的维度大多为理论框架，而国内更倾向于实践应用，从过程导向和结果导向两方面出发，依据具体的研究目的来制定相应的评价指标体系。

3. 评估方法的演进：国内外基本上都采用定量与定性分析相结合的方法，随着研究的深入和方法技术的进步，地理信息系统（Geographic Information System，GIS）、遥感技术、智慧城市技术等现代科技也开始被应用于社区的韧性评价中，为评估工作提供了更为精准与高效的支持。

表2-2汇总了多位相关学者及政府机构对社区韧性概念的认知与阐述，将其核心要素归纳为社区的韧性能力特点、韧性应对过程及韧性提升目标。因此，韧性社区可以被定义为在面临外来冲击时能保持稳定、迅速恢复、灵活适应、持续发展及不断增强自身承受能力的社区系统。同时，韧性社区也可以被解释为一种在遭遇灾害后通过上述各种能力应对并实现自我调适与恢复的过程。总之，韧性社区建设是社区可持续发展中必不可少的一环，也是在社区规划与治理中提升对灾害和外来冲击力的应对能力和适应能力的重要目标。

表 2-2 韧性社区认知框架汇总

| 理论框架 | 韧性社区认知框架 多维度 | | 环境 | | 居民 | | 制度 | | 评估方式 |
	经济	社会	生态	基础设施	个人	家庭	组织	政府	
学者认知 社区灾害韧性指数（Community Disaster Resilience Index, CDRI）	收入、储蓄、投资	信任、规范、网络	资源存量、土地、水生态系统	住房、公共设施、商业/工业	教育、健康、技能、知识、信息		—		定量自上而下
社区基线韧性指数（Baseline Resilience Indicator for Communities, BRIC）	住房价格、收入、就业率等	教育公平、语言能力、交通供给等	生态系统	住房条件、基础设施、避难所	属于社会韧性		洪水计划、风覆盖率、暴应援覆盖率等	财政投入	定量自上而下
政府/组织认知 人口、生态、政府服务、基础设施、社区竞争、经济和社会多维度的 PEOPLES 韧性框架（PEOPLES Resilience Framework）	经济发展	社区竞争力、社区文化资本	生态	基础设施	人口及其结构	生活方式	—	政府服务	定量自上而下

续表

韧性社区认知框架

理论框架	多维度								评估方式
	经济	社会	环境		居民		制度		
			生态	基础设施	个人	家庭	组织	政府	
美国国家标准与技术研究院（National Institute of Standards and Technology, NIST）发布的《社区韧性规划指南》（*Community Resilience Planning Guide*）	吸引就业与商业活动，贫穷指数等	社会资本，公众参与，社会组织，教育与健康等	空气、水、土壤质量，废物监控等	学校和护理中心建设、宗教中心、交通设施、能源系统等	人口年龄、空间分布、能否说英文等	家庭基本条件和居住环境	民间组织和当地政府是否能够参与进来		自上而下＋自下而上
英格兰的社区韧性规划项目（The Neighbourhood Resilience Programme, NRP）	使人们能够从事有意义的工作并保持实现财务安全的政策和服务	提供机会和空间，使在社区中生活和工作的人们能够加深并扩展现有的联系并创建新的联系	人们的生活条件，包括住房、公共空间和影响这些空间的系统及其使用方式		社会联系使人们认识到共同的利益，并产生生系统参与者对它们采取集体行动的改善当地条件能力的共同信念		社区治理使当地人民能够集体影响资源分配方式决策的结构和流程并影响他们的生活和工作条件		自上而下

政府/组织认知

026

续表

<table>
<tr><th colspan="12">韧性社区认知框架</th></tr>
<tr><th colspan="2" rowspan="3">理论框架</th><th colspan="8">多维度</th><th rowspan="3">评估方式</th></tr>
<tr><th rowspan="2">经济</th><th rowspan="2">社会</th><th colspan="2">环境</th><th colspan="2">居民</th><th colspan="2">制度</th></tr>
<tr><th>生态</th><th>基础设施</th><th>个人</th><th>家庭</th><th>组织</th><th>政府</th></tr>
<tr><td rowspan="2">政府/组织认知</td><td>加拿大不列颠哥伦比亚正义协会（British Columbia Justice Association，BCJA）的社区灾害韧性计划（Community Disaster Resilience Plan）</td><td colspan="8">由《社区概论》，到《灾害和韧性工具：灾害风险分析 | 灾害韧性指数 | 社区韧性指数》，再到研发和实施《社区韧性计划》以及《传统知识工具包》的共享与建议，促成社区使用者全面认知并提升韧性</td><td>自下而上</td></tr>
<tr><td>美国纽约市城市规划局（Department of City Planning，DCP）的沿海洪水抵御能力分区规划（Zoning for Coastal Flood Resiliency，ZCFR）</td><td colspan="8">由2013年《韧性社区规划研究》、2014年《为洪泛风险翻新建筑》、2015年《韧性艺术空间》、2016年《韧性零售业》、2018年《韧性工业研究》、2018年《社区延展总结》发展而来</td><td>自下而上+自上而下</td></tr>
</table>

20 世纪 90 年代以来，随着韧性被广泛引入多种研究领域，国际学界对韧性社区的研究迅速起步。21 世纪以来，一些地区应对灾害的建设已逐渐从被动的防灾思维转向主动应灾的韧性思维。国际上，盖斯等学者认为韧性社区是指在承受各种灾害和危险时仍能保持系统内部稳定。卡特等认为，韧性社区主要表现为"可恢复性"，即社区系统吸收影响、对灾难事件的应对和自我恢复能力。韧性社区可界定为：灾前可预防灾害和危机，灾时迅速应对、维持功能，灾后自我恢复并累积经验，达到一种动态平衡的状态。戴维·R. 戈德沙尔克等人提出了一个可持续的减灾政策体系，为社区应对极端事件提供政策保障。米莱蒂为推动国家灾害管理思维转变，提出建设韧性社区试点，并对"影响工程"和"企业和家庭安全研究所"的社区示范项目表示肯定与赞同。康福特通过 10 年时间研究了 9 个国家 11 次地震后的情况，提出社区中所有人都是风险的承担者，也都有减灾责任，因此所有人的集体行动是降低社区损失的有效途径。比特利指出了韧性与可持续的关系，认为有韧性的社区对周边的物质环境有一种自我学习和适应的能力。

我国对韧性社区的研究较多关注"公共安全""灾害学"等领域。申佳可提出社区空间韧性具有"空间格局韧性"和"环境韧性"两个方面，具有"多功能性、灵活性、开放性、互通性、互动性、多样性"特征，且社区空间格局应具备结构上的适应性，空间环境应具有灵活可变性与功能转换的特征。郭小东等学者从灾害学角度对社区"物质空间"进行研究，加强社区物质空间的防灾能力。毕洪昌等学者则从"公共管理"角度构建社区社会韧性网络。我国学者正致力于对韧性内涵的全面理解，将抽象的韧性概念，转化为易实施、易操作的具象载体。在实践领域，我国从 2005 年便开始建立"减灾型社区"，主要从防灾应急的角度提高社区应急处置能力。当前对社区应对风险的研究，正逐渐从传统的被动"防灾"视角转向主动的"适灾"视角，研究方向也从只关注增强社区物质空间韧性转变为同时兼顾物质环境与社会环境综合韧性建设的方向。

韧性是一个复杂的概念，它关注社区在面临自然灾害和人为破坏等压力时，如何保持物质环境的安全稳定、服务设施的顺畅运行和居民生活的需求实现。尽管学界已经达成从"单一刚性"向"复合韧性"转型的趋势的一定共识，但在这个领域的研究中仍然存在一些不足之处。这些不足可能涉及评价体系的完善、研究方法的创新、理论研究与实践应用的结合等方面。社区复合韧性的重要性在于它能够帮助社区在面对各种风险和挑战时，保持其治理体系的稳定和有效运作。这种能力不仅体现在社区对灾害的抵御上，更体现在社区在灾害后的恢复和适应过程中。社区复合韧性是社区未来建设发展的重要目标之一。通过建立多元化、综合性、灵活适应性的治理体系，加强居民的参与和合作，以及建立科学的评估和监测机制，可以提高社区的复合韧性，使其能够更好地应对各种风险和挑战。

提高韧性需要从多个维度进行努力，包括建设抗灾能力强大的基础设施，规划合理的交通网络，以及合理布局公共服务设施。只有这样，社区才能在面临自然灾害和人为破坏等压力时，保持基本设施的正常运行和居民生活的正常维持。韧性系统特征能够将抽象的韧性概念表达为具象的载体，以便于理解韧性系统特征。从城市空间到社区空间系统的韧性特征在整体系统层面表现出了一致性，但具体到某种功能、设施方面则具有一定的差异。大量研究从硬件"物质环境"和软件"社会机制"两大方面提出了韧性社区的建设办法。正如多位学者对于韧性空间特征有着相同的陈述，韧性良好的社区往往表现出物质空间可靠、抗灾性能突出；在社会机制上呈现出良好的社区组织和完善的响应机制。平时应急知识技能的宣传教育，遇到突发事件时的自救、互助和恢复意愿等也是社区韧性能力的重要组成部分。在物质环境建设方面，应突出以防灾为重点的韧性社区建设，将提升社区居民的人居环境作为研究重点。在社会组织机制方面，应制定社区的防灾减灾和应急管理政策，关注居民自救—互救的应急能力的培养。

近年来，随着韧性理论研究的深入和对其在实际应用中的广泛期待，国内学者开始逐渐探索韧性理论在社区建设中的创新应用。众多学者提出韧性的社区空间未来应具备开放性、多层次、多形态及连通性的特征。而在不同地区实践探索中，学者们积极落实理论与实践融合创新。例如，朱怡等人基于武汉光谷青年城社区，提出在公共设施韧性建设中，应考虑设施的多场景应用，以提升设施在平"疫"中的利用效率。这包括采用多功能、灵活性的空间布置和模块化、应变性的设施设计，通过预制模块化形成可组合、便于更换拆装的设施形式；同时，注重社区中开放空间的多功能使用，对空间进行灵活多变的布置，充分考虑平"疫"期间空间功能的变化特征。在北京东铁营社区更新实践应用中，加强了社区的生态韧性建设，通过优化社区生态空间，如更新社区微绿地、微空间及带状步行公园等，形成了系统的社区开敞空间，进一步优化了社区慢行环境。同时，结合配套设施完善和道路结构优化，构建完善的社区服务网络，提升社区服务质量。而在成都疫情防控优秀小区中则充分体现了多元参与和智慧治理在社区韧性层面发挥的关键作用。这些小区利用以微信群为代表的移动社交平台助力社区公众参与，同时结合实时疫情地图和手机健康码等智慧技术辅助精细化管理，极大提升了社区的技术韧性。

四、社区韧性的认知框架与理论模型

社区韧性的评估度量作为新兴研究领域，目前正处于一个多元化、快速发展的阶段，各种观点与方法纷纷涌现。针对社区韧性评价指标体系的构建，诸多研究者进行了深入探索与讨论（表2-3）。例如，有的研究者采用层次分析法（AHP）来探讨城市基层社区韧性指标的构建策略。有的研究者则通过分析国内外关于社区韧性评估指标体系的研究成果，探讨社区韧性评估指标体系建构的内容及方向。在现实中，为实现可操作的社区韧性评估，研究人员需收集大量数据以实现指标量化，包括社区基础设施调查、居民主观满意度调查、社区经济社会运行数据调查等。同时，在城市统筹层面需兼顾不同社区的特点与需求，为每个社区量身定制适宜的韧性策略。通过对社区韧性的持续监测与改进，可确保社区在面对未来挑战时具备更强的应对能力。此外，这也有助于提升公众对社区韧性的认知和参与度，进而形成更加团结、具有凝聚力的社区共同体。

表2-3　社区韧性评价指标体系代表性研究

文献	一级指标	侧重点
卡特，伯顿、埃姆里奇 2020年发表于《国土安全与应急》	社会韧性 经济韧性 制度韧性 基础设施韧性 社区资本韧性	强调空间维度； 作为社区韧性的基线指标，用于衡量提高抗灾韧性的项目、政策和干预措施的有效性
桑、费舍尔 1998年发表于《社区心理学》	社区的基本能力 风险管理与缓解行动的能力 事后恢复与再发展的能力	强调时间维度； 关注社区资本和应急能力在灾害周期中的表现
萨特利、范德林特、皮克 2017年发表于《自然灾害评论》	环境韧性 制度韧性 个体韧性	强调空间维度； 侧重于城市韧性社区建设中社区制度、服务水平、居民素质等方面的评估
沈丽娜、田玉娉、杜雅星 2021年发表于《城市问题》	建设韧性 社会韧性 经济韧性 组织韧性	强调空间维度； 针对老旧小区存在的问题，提出多样化社区改造策略以增强韧性
张力伟、高子涵等 2022年发表于《社会政策研究》	社区韧性 经济韧性 组织韧性 建设韧性 管理韧性	结合时间维度和空间维度； 从社区治理角度，以灾害应急的全周期管理为视角，衡量不同发展阶段的社区防灾韧性，并识别防灾韧性短板

续表

文献	一级指标	侧重点
张泉等 2022 年发表于《资源与生态学报》	社区物理空间 社区管理 个人层面	结合时间维度和空间维度；从雨洪管理视角出发，将社区作为抵御灾害的最小防御单位，建立普适性的评价体系

国际研究在 20 世纪末开始关注社区韧性，一些发达国家已经成立了专门的研究机构和组织，如社区韧性研究协会。已形成的重要分析框架中，值得借鉴的框架有诺里斯社区韧性理论模型、美国 PEOPLES 框架、联合国 UNDRR 模型、联合社区韧性评价 CCRAM 等。

1. 诺里斯社区韧性理论模型（Norris Community Resilience Theory Model）[①]

诺里斯社区韧性理论模型是研究社区如何应对与恢复灾害和危机的理论框架，该模型由弗兰·H. 诺里斯（Fran H. Norris）及其同事提出。这是一个开创性的综合框架，借鉴了多个学科的文献得出的社区韧性结论，主要包括 6 个方面：结构韧性、社会韧性、经济韧性、政治韧性、文化韧性和环境韧性。这 6 个方面相互关联，共同构成了一个全面的社区韧性指标体系。通过层次分析法，我们可以为这些二级指标分配权重，以便更好地评估社区的实际韧性水平。结构韧性是指社区在面对灾害时，基础设施和建筑物能够抵御破坏的能力，包括建筑质量、基础设施维护和更新等方面。社会韧性则关注社区居民之间的联系和互助，以及社区组织和领导力的发展。经济韧性关注的是社区在经济困境中的适应能力和恢复力，包括就业、收入和财富等方面。政治韧性涉及社区政府的稳定性和有效性，以及政策制定和执行的能力。文化韧性关注的是社区的文化传统和价值观，

---

① NORRIS F H, et al. Community resilience as a metaphor, theory, set of capacities, and strategy for disaster readiness [J]. American Journal of Community Psychology, 2008, 41（1-2）：127-150.

以及它们在应对灾害中的作用。环境韧性关注的是社区对环境变化的适应能力和保护自然资源的能力。

2. PEOPLES 框架[①]

该框架是由纽约州立大学开发，旨在识别社区在不同尺度（空间和时间）上的不同韧性特征，并评估社区的可能反应。该框架由七大维度组成，用首字母缩略词 PEOPLES 总结如下（图 2-1）：人口与人口统计、环境和生态系统、有组织的政府服务、物理基础设施、生活方式和社区能力、经济发展、社会文化资本。

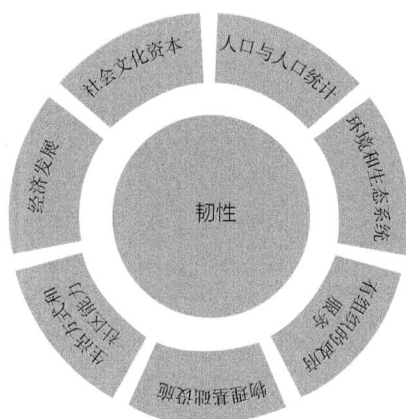

图 2-1　PEOPLES 韧性框架

（1）人口与人口统计：描述社区人口和统计数据的维度，涉及社会经济构成和脆弱性指标。包括分布/密度、构成和社会经济状况 3 部分，共 9 个指标。其中经济健康状况（如收入中位数、年龄分布）等衡量指标至关重要。

（2）环境和生态系统：衡量生态系统恢复能力的维度，涉及自然灾害

---

① RENSCHLER, C S, FRAZIER A E, ARENDT L A, et al. A framework for defining and measuring resilience at the community scale: The PEOPLES resilience framework [J]. U. S. Department of Commerce National Institute of Standards and Technology, 2010.

风险和气候变化影响。包括水、空气、土壤等 6 个部分，共 13 个指标。分为环境质量、土地百分比等 5 个子组。

（3）有组织的政府服务：涵盖法律、安全服务等传统服务的维度。与灾害应急计划、培训等有关。包括执行/行政、司法等 5 个部分，共 26 个指标，分为 10 个子组。

（4）物理基础设施：强调社区建成环境的维度，结合设施和生命线组件。包括住房、商业等 21 个指标，分为 7 个子组。

（5）生活方式和社区能力：涉及社区解决问题能力的维度，涵盖预警计划、程序、生活质量和集体行动等 7 个指标，分为能力、安全和邻里 3 个子组。

（6）经济发展：包括社区经济的静态和动态评估的维度，静态关注劳动力等，动态关注技术和文化能力。包括金融服务、工业生产等 16 个指标，关键指标有预期寿命、贫困水平等，分为 7 个子组。

（7）社会文化资本：涵盖教育、社会服务等维度，构成了 PEOPLES 框架的最后一个部分。包含各种社区组织的成员数量、对社区领导人的看法等共 17 个指标，分为 6 个子组。

3. 联合国 UNDRR 模型[①]

UNDRR（联合国减少灾害风险办公室）社区韧性模型是一个专门用于评估城市基层社区在面临各种挑战和压力时的适应能力和恢复能力的指标体系。其构建过程是从基层社区的韧性入手，通过对韧性的内涵和发展历程进行深入研究，构建一定的理论基础。在这个模型中，韧性被定义为社区在面对各种压力和挑战时，能够保持其基本功能和服务的能力，以及在遭受打击后能够迅速恢复并重建的能力。这种能力不仅包括物质层面的恢复，如基础设施的修复和重建，也包括社会层面的恢复，如社区成员的心

---

① United Nations Disaster Relief Organization. Mitigating natural disasters phenomena: effects and options [R]. New York, a manual for policy makers and planners, 1991.

理重建和社会关系的修复。

为了更精确地评估社区韧性，UNDRR 社区韧性模型主要设定了 4 个维度：结构性资源、社会关系、组织能力和学习能力。这 4 个维度被认为是构成社区韧性的关键因素。在 UNDRR 社区韧性模型中，这些维度被进一步细化为一系列的二级指标，如社区的经济资源、教育资源、公共服务设施等属于结构性资源；社区成员之间的互助关系、邻里关系等属于社会关系；社区的组织机构、管理能力等属于组织能力；社区的学习氛围、学习资源等属于学习能力。为了确定这些二级指标在评估社区韧性时的权重，UNDRR 社区韧性模型采用了层次分析法，通过构建层次结构模型对各层次的元素进行两两比较，得出相对重要性，从而确定最终的指标权重。通过这种方法，UNDRR 社区韧性模型为基层社区韧性建设提供了一套科学实用的评估工具，同时为提升社区韧性提供了具体的实施策略和规划建议。

4. 联合社区韧性评价 CCRAM[①]

联合社区韧性评价（CCRAM）被认为是一种通过家庭抽样评估社区韧性的有效工具。它涵盖社区韧性的多种因素或组成部分，也是实施空间与社会规划干预措施的基础。这些因素是通过统计过程确定的，也频繁出现在围绕韧性社区概念的专业文献中。CCRAM 工具采用自我报告问卷形式，包含 28 个项目，其中 21 个项目被归纳为 5 个因素：领导力、集体效能、准备能力、地点依恋和社会信任。每个因素的平均得分描绘了社区的韧性概况（评分范围从 1 到 5）。联合社区韧性评价（CCRAM）的开发者试图根据前述定义和理论框架来衡量社区韧性，特别是关注社区的感知资

---

① LEYKIN D, LAHAD M, COHEN R, et al. Conjoint community resiliency assessment measure-28/10 items（CCRAM28 and CCRAM10）：a self-report tool for assessing community resilience ［J］. American Journal of Community Psychology, 2013, 52（3）：313-323.

源。它不仅提供了关于社区应对能力的观点，特别是对于决策者和应急领导者而言具有重大意义，还考虑了社区成员对共同生活的态度、领导效能和物质准备情况，以查明可能降低社区应对突发逆境能力的可能差距。除了这项措施的实际意义，它还具有理论和概念上的进步，特别是在理解社区成员自身所发挥的作用、能力和态度方面。

该评估工具的开发采用迭代过程的形式，融合了文献综述、既有研究和德尔菲法（DELPHI，一种定性预测法），与多学科的高级内容专家小组的参与。它结合了社会科学中先进的统计方法，介绍了在出现灾害紧急情况前的社区韧性水平测量值（韧性基线得分），又提出了分析该评估与后续跟踪测量之间差距的方法。旨在达到两个目标：一是为了评估加强应急准备干预措施的有效性；二是衡量危机对社区的影响。所识别的差距将为决策者提供基于循证的干预策略所需的信息。

五、韧性社区的分维度解析

（一）韧性社区的物质基础设施

韧性社区的构建不仅依赖于物质基础设施，如防洪堤坝、抗震建筑及消防设备等，还体现在社区的整体规划和组织上，如布局合理的交通网络和完善的公共服务设施。首先，建设具有抗灾能力的基础设施是提升空间韧性的关键。防洪堤坝可以防止洪水对社区的破坏，保护居民的生命财产安全；抗震建筑可以在地震发生时，减少建筑物的倒塌风险，降低人员伤亡；而消防设备则可以在火灾发生时，及时控制火势蔓延，减少火灾对社区的影响。这些基础设施需要遵循科学的规划和严格的标准，以确保其效能。其次，合理规划交通网络也是提高空间韧性的重要手段。高效的交通系统不仅在日常生活中能提升居民出行效率，更能在灾害发生时迅速调配救援力量，缩短响应时间，从而减轻灾害影响。

（二）韧性社区的服务支撑系统

支撑韧性社区建设的关键系统是要构建完整多元的公共服务设施体系，搭建韧性社区的内部服务网络。社区韧性是韧性作用于城市内部的应用，涉及人和物两个层面（个体和社区），始终围绕居民需求。同时，韧性又体现在社区发展的能力、过程和目标上，即韧性是一种能力，也是一种过程，更是一种目标。而公共服务设施体系是提高空间韧性的关键因素，是保障社区居民日常及灾害时的重要支撑系统。公共服务设施包括学校、医院、公园、超市等，它们是社区居民日常生活的重要组成部分。合理的公共服务设施布局，不仅能提升居民的生活品质，还能增强社区适灾、应灾能力，提升社区韧性水平。

（三）韧性社区的社会治理体系

社会治理体系的韧性体现在社区能够在压力下保持稳定，且具备应对、学习和成长的能力。当前，韧性社区的社会治理体系一般由社会资本、政府和居民构成，这也体现了多元群体融合参与社区治理的趋势，旨在鼓励提高社区活力和凝聚力。社会资本在一定程度上鼓励居民参与社区建设，这加强了居民之间以及居民与社区之间的关联度，弥补了社区管理制度的缺陷，并为社区居民提供了强大的社会支持，在参与社区韧性建设时，可以极大提高社区的经济和组织韧性。如杨旎在讨论城市精细化管理和治理时认为，街道机构改革中加入在地社会组织、社区基金会，是社区机构由向上对口管理型转变为对下负责服务型的相关实践，是对社区活力的追求。徐选国等以疫情防控为例，基于社会资本理论视角，通过韧性主体—模式—目标构建了社会工作增强社区韧性的实践机制。

六、韧性社区的发展趋势

(一) 公共卫生事件冲击下的反思

针对公共卫生危机实施的空间干预是城市发展规划长期以来的重要议题。从 18 世纪后半叶开始,工业革命所带来的城市化使英国的城市生活环境发生了较大的变化。但由于城市规划没有跟上快速发展的城市化步伐,拥挤、潮湿、没有采光及通风的居住环境,导致英国城市生活环境和公共卫生状况恶化,最终在 19 世纪暴发霍乱——传染病和流行病横行。1848 年,英国颁布《公共卫生法》,在供水、排污、垃圾处理、住房等问题上规定了政府的责任和义务,设立了历史上第一个公共卫生机构——中央卫生委员会 (The General Board of Health),对公共卫生进行国家层面的管理和监督。公共健康问题是现代公共卫生形成的契机,也引导了现代城市规划的诞生。近 20 年来世界已出现了若干重大公共卫生事件,如 2003 年"非典"疫情暴发;2009 年甲型 H1N1 猪流感出现大流行;2014 年西非埃博拉疫情暴发并伴随高致死率;2016 年寨卡病毒在巴西快速传播;2020 年以来的新冠疫情,更是对全球造成了巨大冲击。

1. 社区韧性网络建设

在疫情期间,各地采取居家隔离的方式,以减少病毒的快速传播途径,导致居民日常需求受制于社区。在这一背景下,城市经济受创、社区应对能力不足、资源配备匮乏等问题逐渐凸显。简·弗兰森 (Jan Fransen)等学者指出,在世界各地,城市社区主动应对新冠疫情。尽管城市社区较农村社区更有网络化和服务能力,但在面对新冠病毒感染这类健康冲击时,其脆弱性更为显著,因为服务、行为者和资源相对较集中使得病毒传播更为迅速。社区许多问题是在卫生服务系统不堪重负、经济活动半封闭以及相关的服务、防护材料和就业机会短缺等背景下出现的。于洋等研究指出，诸多社区暴露出缺乏适应能力和突发事件的应对机制等问题，并提出了空间、设施、环境、治理、资本等多维度的社区防疫韧性提升建议。彭翀提出了应对公共卫生事件的"区域—城市—社区"多层级联动韧性提升策略。杨俊宴等提出促进社区—生活圈建立韧性网络，合理规划营造生活圈保障系统，基于城市多系统交互联通的网络特征，采用对发生疫情的社区采取必要的防疫措施和公共服务设施的支持，并根据疫情的情况对不同社区采用不同程度的管控或开放策略。韧性建设是针对社区乃至城市整个系统内部防御能力的提升，需要及时地调整和优化社区内不同维度的系统建设，以实现社区的可持续性发展，促进后疫情时代城市系统的整体提升。

2. 社区治理模式再思考

在突发疫情时，社区防疫工作对象是社区范围内的居民，包括个体、群体和流动人口。社区作为夜间高聚集性的家庭活动场所，成为防疫第一空间。研究发现，将各大城市疫情人员在空间的分布与城市各时段空间热力分布进行叠合，可以发现与日间热力相比，夜间热力与疫情分布有更高的对应性。相关疫情病例的分布显示，其中50%与社区相关。这与中国的家庭文化有密切关联，大量病例出现家庭关联性就是一种证明。另外，城市的热力日夜波动区域病例概率小，说明"高集聚性"比"高流动性"对疫情发展有更强的推动作用。针对家庭关联性和高聚集性的疫情，以北京市昌平区天通苑社区为例，"亚洲第一大社区"天通苑社区建立了控、防、管、保、实"五位一体"的防控体系。"五位一体"是指由街道办、住建部门、所在社区、各小区业委会和物业企业五方单位组成的联防联控服务队伍，通过优势互补、资源共享、发挥群众自治作用，做实做细网格疫情防控工作。在疫情期间封闭式管理中起到了控制作用，与此同时，疫情后期在封闭管理和社区开放之间的动态平衡机制尚且需要进一步的协调完善，对于未来的社区平"疫"模式的有效转换仍具有重要的研究价值，进一步提升了社区防范未来疫情风险的系统性和科学性。

（二）基于类型学的韧性社区评估与发展的本土化

1. 韧性社区的结构复杂化与特征分异

受不同国家、地区所处不同的发展阶段等诸多因素制约，各地对韧性的认知理解存在较大差异。发达国家和地区的社区韧性通常相对较强，这得益于它们拥有较高的经济水平和较好的基础设施。这使得这些地区在面临自然灾害、经济危机等挑战时，能够迅速应对和较快恢复。相比之下，发展中国家和地区由于经济基础薄弱、社区基础设施不完善，应对风险和挑战的能力十分有限。一些地区缺乏足够的资金来建设和维护基础设施，导致在灾害发生时无法及时展开救援行动。此外，由于教育和医疗资源不足，这些国家和地区的居民在面临风险和挑战时可能缺乏必要的硬件设施，同时缺乏相关的知识和技能来有效应对。而政府机构的政策和治理能力对社区韧性也有很大影响。较强的政策制定和执行能力可有效地应对各种风险挑战，进而有力保障社区韧性。而社区韧性不足，难以有效应对风险和挑战，也与一些地方的政府机构治理能力较弱有关。提高社区韧性需要各国和地区根据自身的实际情况采取针对性措施。这包括加强基础设施建设、保护改善生态环境、提高治理能力、加强社区治理、加强灾害防范教育、完善社会保障体系以及加强文化多样性和包容性等，通过努力，必将有望提高社区在面对各种压力和挑战时的适应能力与恢复速度。

2. 社区类型学视角下的韧性分析

社区类型学是研究社区类型特征与发展变迁的一门学科。我国城市社区的类型极其复杂多样。例如，农转居社区是指原本从事农业活动的人逐渐转变为城市居民的社区；城中村或边缘社区外来人口混合社区；老城传统社区则通常指的是历史悠久、文化积淀深厚的城区；单位售后公房社区是由企事业单位分配给员工的住房组成的社区；纯商品房社区则是由房地产开发商建设并销售的住宅区；商品房—回迁房混合社区则是由商品房和回迁房共同构成的社区。这些不同类型的社区，其治理方式、发展模式以及面临的问题都各不相同。

社区类型学视角还可应对城市化进程中面临的各种挑战。随着城市化进程的加速推进，越来越多的农村地区开始向城市转型，多数城市类型社区韧性最高，而乡村转型类型的社区韧性最低，其最终发展趋势是提升能力向高韧性目标发展转型。这类社区往往存在于快速城镇化的国家和地区，快速城镇化带来了新的发展机遇，但也伴随较大的挑战。有些学者结合实例指出，处于快速城市化阶段的发展中国家，其特点是大规模的农村向城市迁移和城市建成区径向扩张，出现了一种新型的城市社区，即"过渡社区"，通常位于城市和农村地区之间。过渡性社区通常拥有低质量的住房和高密度的人口。居民也具有流动性和复杂性，因为它们表现出暂时性和不稳定性的特征。很多社区是由农转居形成，其居民多为老年人和儿童，需要加强社区养老服务和儿童教育服务的建设；而对于城中村或城市边缘本地外来人口混合社区来说，则需要加强社区治安管理、改善基础设施条件以及提高公共服务水平等措施。此外，通过深入研究不同类型的社区及其特征规律，把握未来变化趋势，对于辨析社区韧性特征、优化社区空间规划与治理、推动社区韧性建设也具有重要的指导意义。

（三）韧性社区的数字信息化发展

1. 韧性社区的数字信息化探索

随着新一代信息技术的蓬勃发展，韧性社区实现数字信息化发展成为必然趋势。合理利用数字技术，不仅可以创新社区的规划管理工具，还可以推动社区治理的业务流程再造。全球各地都在积极探索和实践数字化发展路径，为构建更具韧性的社区贡献力量。例如，日本为了有效推进国土强韧化相关措施，采取数字化、涉灾信息预测、采集、集聚、传递升级等具体措施，通过数字化转型，提供灾难预警和实时动态监测社区变化，进行"预防性保护"。在我国近期的韧性社区实践中，各地也已有一些成功的实践案例,通过数字化手段提高环境监测的精准度和预警能力;一些社区利用数字平台加强信息交流和资源共享;还有一些社区借助数字技术推动智慧化决策和管理。在我国雄安新区的社区建设中,从突发事件的承灾应对及建立应急管理等角度出发,立足创新韧性关键技术,融合人工智能、遥感监测等新兴科技,在规划建设中构建"规划—建设—运行"全生命周期建设与管理体系,赵鹏霞结合雄安新区的"规划—建设—运行"实际情况,提出了在韧性社区建立特色社区安全风险动态研判机制和构建社区风险监测与预警机制,从智慧化监测预警能力、风险评估与防范能力、构建全社会应急体系及能力、全民防震减灾能力等方向发力,指导社区实现智慧监测管理和精细化治理。如深圳智慧韧性社区建设在多个层面取得了显著成果,福田打造健康韧性社区,创新规划建设 10 个领先的智慧化网络信息平台。在物资保障、危机干预、生态监测等方面,规划提出建设智慧化物流平台、心理救助和危机干预平台、生态监测系统。在决策、预警、防控环节,规划建设公共卫生应急指挥和智慧决策平台、监测预警系统、预警信息发布平台,以及医联体智慧医疗创新项目和智慧健康社区云平台。这些平台和系统将提供高效、智能、标准化的服务,助力公共卫生事件的应对和防控。这些案例为我国其他地区的韧性社区数字化建设提供了宝贵的经验和启示。

2. 数字信息化的机遇与挑战

韧性社区的数字化信息化发展是一个复杂而多元的过程,涉及多个维度。技术赋能是数字信息化的核心,数字技术为韧性社区的发展提供了强大的支持,它增强了社区的数字化信息集成底座,使得决策者在面对各种挑战和风险时能够快速高效收集汇聚信息,响应决策过程更具敏捷性和智慧性。例如,通过物联网和传感器技术,社区可以实时监测环境变化和潜在风险,在第一时间作出响应。数字信息共享也是一项重要能力,数字平台为社区成员提供了信息交流和共享的空间。例如,国外各类应用工具大多开发了在线评图用以数字化监测和评价社区的韧性发展特征。通过这些平台，社区不同成员可以同时听取有关风险和挑战的信息，表达意见并共同制定应对策略，增强社区应对能力。同时，在智慧化决策方面，应用蓬勃发展的大数据和人工智能等技术可以帮助社区作出更智慧的决策。这些技术可基于平常积累的海量数据进行处理和分析，挖掘出有价值的信息，为社区规划和决策提供科学依据。在追求韧性的过程中，社区不仅要关注当前的需求和挑战，还要考虑未来的发展需求，确保数字化发展既有助于增强韧性，又能促进经济、社会和环境的可持续发展。例如，网络安全、数据隐私保护、老龄人群的数字鸿沟等都是未来有待解决的重要问题。数字信息化建设迫切需要采取一系列针对性措施，加大数字化投入，加强数字基础设施建设，为社区提供稳定、高效的信息网络和数字服务接口。培养社区末端服务的数字化人才，提高社区成员的数字素养和技能水平。制定和完善相关法规和政策，加强跨部门、跨领域合作与数据共享，确保数字技术在社区韧性治理中的合规性和有效性。

本章小结

社区作为城市的基本细胞，是人们日常生活的主要载体，是城市风险防范与治理的基本单元，是城市防灾减灾系统不可或缺的组成部分，也是韧性城市建设的重要切入点。完善城市韧性的关键在于提升城市社区对于灾害风险的防范应对能力。面对日渐频繁的各类灾害威胁，社区传统减灾方式已难以应对当前新形势下的减灾需求，开始暴露出越来越多的脆弱性，比如暴雨内涝、公共卫生事件所揭示的社区基础设施不完善、社区防灾防疫组织机制薄弱等。为有效应对各类灾害，社区最基层迫切需要充分深入研究韧性的理念、特征，以更好地指导社区发展建设。社区韧性的重要性在于它能够帮助社区在面对如自然灾害、经济危机或社会动荡等各种挑战时，保持其基本功能并迅速恢复。这种能力不仅有助于减少灾害对社区的破坏，还能提高社区居民的生活质量和安全感，提升社区的可持续发展能力。

通过回溯几年来的发展动态，我们深入解析了国际上关于韧性社区的概念框架与解读维度，韧性概念经历了从单一维度到多维复合的演变，从理论概念逐步走向实践应用。基于韧性理念的社区优化策略也在不断生成，韧性社区的相关理论和实践正在经历快速演化进程。国内外的韧性评估框架及评估工具考虑到社区建设的方方面面，探索社区物质基础、满足人文需求、完善服务体系以及加强社会治理等各方面御灾能力，包含建设一个健康可持续社区的目标。当前，全球居民都共同处于灾害频发的世界中，这迫切要求社区所有利益相关者共同行动，共同提升社区韧性，更好保障居民关键的生存生活空间。因此，将庞大的韧性理论融入广泛和真实的社区建设与发展实践中，才能发挥出最大的科学价值。

第三章

全球视角下的韧性社区的
技术–政策融合

韧性社区建设全过程需要政策引导、理论技术支撑以及积极的实践应用与探索。为应对频发的灾难与风险，国际社会及各国组织越加重视社区韧性，并在多年的积极行动中探索了相应的政策和制度，以最大限度实现韧性社区的规范化和体系化。同时，本章也重点关注国际上如何将韧性社区的相关政策通过技术工具进行转化并推动实施。

一、国际组织的韧性计划

早在 20 世纪 80 年代，世界卫生组织在《安全社区宣言》中对安全社区的标准进行了明确的界定。1994 年，首次世界减灾大会明确了"社区减灾"的一系列任务，提出社区应具备保障社区安全的意识、技能、设施条件、预警系统、预防体系和工作网络。1999 年，第二次世界减灾大会提出要将"社区"视为减灾的基本单元。2005 年，《2005—2015 年兵库行动框架：提高国家和社区的抗灾能力》提出"在各级特别是在社区一级发展和加强各种抗灾体制、机制和能力"。2015 年，《2015—2030 年仙台减少灾害风险框架》则明确指出，城市减灾要以社区减灾能力建设为核心。

世界卫生组织（World Health Organization，WHO）认为，韧性在个人、社区和整个系统 3 个层面运作，并具备 4 种能力：适应性（适应干扰和冲击的能力）、吸收性（管理和从不利条件中恢复的能力）、预见性（通过主动行动减少干扰和冲击的能力，并最大限度减少脆弱性）和变革性（开发更适合变化、不确定性和新条件的系统的能力）。加强上述 4 种能力，对实现健康 2020 和可持续发展目标至关重要。

联合国人居署设立了城市韧性中心，吸纳韧性计划的技术合作伙伴，并于 2013 年发布了城市韧性全球计划（City Resilience Profiling Programme，CRPP）①，开发了相关韧性建设项目，着重向国家和地方政府提供各种工具，衡量和提高应对多种灾害影响的城市韧性。通过与联合国减少灾害风险办公室（United Nations Office for Disaster Risk Reduction，简称 UNDRR）等国际机构、学术和研究机构、私营部门、非政府组织等各种利益相关方合作，该方案为城市制定出一套全面而综合的城市规划与管理方法，目前已用于巴塞罗那、黎巴嫩的贝鲁特、伊朗的德黑兰以及菲律宾的达古潘等城市。

世界银行的地方治理支持项目（Local Governance Support Project，LGSP）② 在孟加拉国旨在分析当地政府和社区之间的联系，在应对自然灾害中提供指导报告和手册，明确社区和地方政府的责任。LGSP 开发了一本手册，以支持当地社区和地方政府制定适应环境的灾害风险管理和减少灾害风险的优先事项，该手册可纳入 LGSP 框架，并在孟加拉国的 4500 个治理联盟（UPs）或农村地方政府实施。世界银行专项报告《建设韧性社区：通过社会基金和社区驱动发展行动进行风险管理及应对自然灾害》指出，建立工具包是为了帮助世界银行工作组在社会基金和社区驱动发展中操作识别灾害风险管理问题的项目，并设计实施适当的响应策略。该报告介绍了基于社区的灾害风险管理（CBDRM）的概念和组成部分，以及它们与实现世界银行的发展和减贫目标之间的关键关系。内容借鉴了社会基金和清洁业务的经验，以及国际良好实践，说明了在实施 CBDRM 时管理挑战的有效方法，如快速动员和扩大应急响应行动的规模。这是一种针对灾害响应的经济—社会结构设计模型。

---

① UN-Habitat. City Resilience Global Programme [EB/OL]. [2024-06-06]. https：//unhabitat. org/city-resilience-Profiling-programme.

② World Bank Group. Local governance support project-3 [EB/OL]. [2024-06-06]. https：//projects. worldbank. org/en/projects-operations/project-detail/P159683.

二、韧性社区的政策体系框架

（一）美国《社区抗灾韧性区域法案》

美国联邦机构倾向于通过发布指导文件并以法制化方式推广相关政策。2022 年颁布的《社区抗灾韧性区域法案》① 旨在帮助面临自然灾害和气候变化影响的社区提高韧性。该法案要求美国联邦紧急措施署（Federal Emergency Management Agency，FEMA）利用国家自然灾害风险指数等工具来确定受影响最严重的社区，并为这些社区提供额外的资金和技术支持，以开展韧性建设项目。《社区抗灾韧性区域法案》还促进了政府机构、慈善基金会、私人非营利组织、大学、保险业和私营企业之间的协作，确保最需要援助的社区能够有效获得所需的支持、资源和机会。

（二）英国《社区韧性发展框架》

英国现行的《社区韧性发展框架》（CRDF②）是一份于 2022 年出台的国家级战略文件，旨在增强英国应对各种风险和挑战的韧性。它概述了政府为应对紧急情况和突发事件所做的准备、应对和恢复的方法。其核心围绕 3 个基本原则建立：对面临的风险建立共同理解；专注于预防和准备；韧性发展需要全社会方法。这份框架展现出了个体行为、社会行动、志愿活动的能力和活力，具有非常广泛的发展格局。社区韧性发展框架阐述了战略和政策背景、政府及法定合作伙伴和社区网络的作用和责任、公众对韧性的贡献、社区网络的理解和参与、社区韧性战略的制定步骤、集成工具指南和典型示范案例。

---

① https：//www. congress. gov/bill/117th-congress/senate-bill/3875/text.

② https：//assets. publishing. service. gov. uk/media/5d6e2274ed915d53b0256ec0/20190902-Community_ Resilience_ Development_ Framework_ Final. pdf.

（三）《德国联邦公民防护和救灾法》

《德国联邦公民防护和救灾法》是德国联邦法律，为公民的保护、救灾及应对紧急情况提供了法律框架，颁布于 1997 年。该法案旨在确保德国做好应对各种风险的准备，以结构化方法处理紧急情况。规定了公民在避难空间的使用规则和保护健康方面的具体措施，明确了提供和分配资源（包括人员、设备和资金）原则，以有效管理和减轻灾害。强调了培训和准备对政府和公众的重要性，以提高对潜在灾害的抵御能力。该法案也包含了提高公众对灾害风险的认识和促进备灾和救灾教育的法律规定。此外，该法案也成为联邦和州政府之间的合作框架，确保对灾害管理和市民保护采取一致的方法。联邦责任主要为联邦政府负责在发生超出各州能力的大规模灾害时向各州提供支持，协调技术性救援机构等全国性资源。各州对管区内的灾害管理全权负责，负责制订和实施灾害应对计划，并与地市当局和应急服务部门组织协调。

（四）日本《国土强韧化基本法》

日本于 2013 年颁布了《国土强韧化基本法》，从法律层面对韧性城市规划进行了约束和规范化。随后，2014 年政府发布了《国土强韧化基本规划》，作为最高级别的法定规划，对其他规划进行指导。在此框架下，日本全国有效推进了韧性规划工作，到 2016 年全国已有超过 70% 的地区完成了强韧性规划。《国土强韧化基本法》（第 95 号法，2015 年）确立了实现坚强和坚韧的人民生活，为防灾减灾作出贡献的发展目标，并制订了国家韧性相关措施的推进基本计划。该法通过建立以妇女、老人、儿童、残疾人等为重点的灾民支援制度，培养防灾减灾人才，推进防灾教育，加强地区防灾措施。具体而言，强化韧性主要体现在基础设施改进、防灾科技应用、政策与法规规定、应急救援能力提升、加强公众参与能力等方面，主要涵盖以下内容：通过加强政府各部门之间与非政府组织、企业之间的协作，有效利用现有社会资本，降低实施成本；促进设施或设备的高效、有效维护和管理，改进学校、医院等关键公共设施的抗灾能力；根据地区特点，发展更快速准确的地震预警系统和洪水预测和监控系统；促进民间资金发挥积极作用；为明确促进国家韧性的必要事项，进行自然灾害脆弱性评估；促进土地的合理利用；加强相关科学知识的传播和成果宣传。

（五）地方法案

在很多国家，拥有较为自治或有独立司法权的区域或城市通过专项立法也能够深入推动韧性社区的建设。例如，苏格兰为了应对气候变化导致的洪水风险增加，在吸取 2002 年洪水经验基础上，形成了《苏格兰洪水风险管理法》，要求地方当局管理和减少洪水风险并促进实施社区洪水风险管理计划。需要采取管理措施来保护社区住宅、商业、文化和其他财产，以及必不可少的交通和休闲设施。法律要求在城市规划中确定容易遭受洪水泛滥社区以及识别由于现有排水网络的容量不足而导致经济发展受到限制的社区。为更好促进相关机构履行职责，地方法案还推动了实施多项地表水管理计划，针对性提出社区可持续且负担得起的排水解决方案以更充分应对气候变化。

三、韧性社区的专项政策体系

（一）专项救助计划与资金支持政策

美国联邦政府机构向社区提供的韧性服务，主要是在自然灾害发生后的即时援助和协调。联邦机构也为发展社区韧性提供了许多其他支持。这些机构提供赠款和贷款，帮助个人、企业和社区在自然灾害后恢复和重建；通常这些资源用于升级受损基础设施和修复受损环境，以提高社区对未来灾害的抵御能力。许多机构还提供赠款和贷款，以帮助社区减轻或避免重大灾害的影响，这通常会在正常、非破坏性的条件下加强社区的经济、健康和安全。许多联邦拨款和贷款计划可以直接由个人和企业访问，而其他计划则授予州或非营利组织进行管理和支付。此外，一些联邦机构还提供设备，如美国林务局制订过剩财产计划或消防员财产计划，为社区提供剩余设备和消防设备。社区有资格获得联邦拨款或贷款，用于购买增强准备和韧性设备。大型基础设施项目的联邦管理机构，如美国联邦公路管理局，为社区提供广泛的技术和规划援助，让社区官员参与区域基础设施项目的布局和设计过程。

（二）公众参与和主体协作政策

发达国家及社会重视韧性社区的广泛参与，并认为应对紧急情况时的韧性取决于所有人的集体行动，包含地方和中央政府、企业、社区和公众个人。而针对韧性社区的应急管理，在涉及"公众"时，包含个人、企业、社区网络和志愿组织。对紧急情况的反应和恢复首先是在社区一级进行的。个人和企业的韧性公众意识出自影响他们的风险或其业务的连续性。由于私有化体系，韧性社区的发展是基于扩大的政企合作、志愿部门及个人合作关系。除了专业的应急服务，广泛的民间行动还来自志愿服务组织、企业、社区团体和个人。政府为了支持社区韧性响应者，通过分享知识、独立和集体行动，利用公共知识和能力，鼓励调动公众中有能力调动资源的人和专业人士来帮助社区做好准备、应对破坏性挑战、进行恢复重建，同时，向社区补充日常应急响应人员。总之，个人、企业、社区网络和志愿组织被赋予权力，做好在紧急情况和灾难中的应对与恢复工作。应急响应人员和政府需了解、支持并将公众的自愿能力纳入应急规划、响应和恢复活动。通过战略规划等努力，他们需最大限度地利用有限的时间集中精力于产生最大整体效益的领域；制订综合社会与经济目标的计划；围绕优先事项动员社区和重点部门；调动内部资产（金融和人力），同时利用外部资源来实现目标；建立社会合作组织以实施和评估当地的行动倡议。

鉴于政府资金有限，英国在组织韧性社区建设时，希望地方韧性论坛、地方响应者和社区网络等主体在发展社区韧性方面发挥的相对作用更多。中央政府仅在战略和审查中倡导社区韧性能力建设愿景，作为一个整体为应急管理、健康和福祉、地方主义、社会行动、气候变化适应、开放政府和参与式服务提供有关的宏观政策支持。在地方层面，社区类型的项目特别着重考虑公众参与社会支持的力量。为了确保社区计划和韧性活动产生持续的影响，需要真正赋权于社区，赋予其韧性建设的所有权。社区成员（包括企业）也应为现有应急计划作出贡献，与其他社区团体和组织紧密合作。通过自我评估生活方式和业务连续性所面临的主要风险，以及他们对风险的抵御能力，制定共同策略来缓解、准备、应对紧急情况，实现韧性目标所需的技能和构筑资产，定期向法定机构通报情况。

（三）规划项目审批程序和项目韧性清单

对于规划建设项目，需要提供框架和特定的韧性目标，用于评估漏洞和不利影响。项目将确定用于减少脆弱性和不利影响的初始策略以及用于满足或超过韧性目标，并寻求进一步减少气候变化造成不利影响的适应策略。例如，保护自然资源和主动适应气候变化。在新项目备案审批时，一些国家如英国、法国、西班牙等会采用在线气候韧性清单报告表、海平面上升—洪水灾害评估工具、防洪韧性设计指南等进行项目准入技术分析。

在规划审批程序上，一般是将规划建设项目审批制与韧性目标有效结合。例如，波士顿针对气候韧性社区相关政策要求所有开发项目在评估环境影响时考虑当前和未来的气候条件，包括碳排放、极端降水、极端高温和海平面上升等。项目方案必须确定消除、减少和缓解不利影响的建筑策略，包括气候条件变化造成的不利影响。同时，也定期审查相关政策并动态更新，以确保项目的规划、设计、建造和管理能考虑对气候变化的不利影响。通过法制化程序将评估环节法制化，分区立法—规划设计强制验收清单与设计要求，从而确保项目能够提出积极的气候韧性应对策略。

四、韧性社区技术与政策的结合

在发达国家，公众参与被视为推动韧性社区建设的重要力量。为此，这些国家往往通过建立一个动态在线平台来整合各类资源，为居民提供发表意见、建议及参与社区建设的便捷渠道。这些平台一般包括工具包、报告和视频形式的教育材料，以及实时更新的事件信息。政府机构往往委托企业或技术运营商研发韧性社区工具，并通过工具采集社区韧性评估所需的各类基本信息研判问题。而企业或技术运营商则倾向于提供社区韧性状态评估结果。因此，通过专项技术工具，如开发智能意见采集或公众参与平台，能够很好地将技术工具与韧性政策相结合。

美国国家标准与技术研究院致力于推进社区的实践和标准韧性规划，以增强社区对灾害等事件的抵御能力。NIST 研究了已发布的框架、数据、软件和工具。社区韧性包括准备、适应变化、承受中断并快速恢复的能力。这需要包括联邦、州和部落政府、地方市政当局、企业、非政府组织和个人等众多利益相关者共同参与规划和响应。在联邦层面，各机构拥有促进和激励韧性规划的权力和使命，以及社区层面的灾难恢复工作。NIST 通过整理框架、数据、软件和其他工具的组合，减少社区韧性工作的技术和行政障碍。无论社区规模大小或环境差异，还是农村、城市、郊区或混合型社区，都能在韧性建设中找到适合自己的路径。在韧性背景下，面对危险时，社区是一种共同的风险，而关系网络有助于其进行准备和响应。社区可以由政府或市政代表实体（如州、县、市、乡等）组成，也可以由代表共同利益的非政府组织代表组成。

社区韧性计划中采用的韧性方法、指标、措施、数据和空间尺度中存在明显差异。为了更好地理解这些差异，NIST 构建了一个韧性框架清单。

该清单有助于进一步探索和分析韧性测量。该数据集对所包含的指标总数以及在框架和指标/衡量级别上评估的维度进行了广泛的审查。因为这些属性是由较低层次的主题或结构组成的，研究人员将有机会通过扩大评估中所包含的维度来推进工作。事实上，研究人员通过下载和更新继续促进了框架清单的增长，与韧性指标和评估有关的各种咨询工作被持续拓展。NIST 研究人员计划根据社区韧性评估领域，评估每 3 年发布更新版本清单的必要性。

市政管理人员、规划人员和其他政府官员等从业人员可使用清单中的数据过滤选项，以确定专门适用于重点区域社区需求、评估预期用途和可用资源的最佳方案。例如，通过搜索将在特定空间尺度上关注特定系统并针对特定危险，从业者可确定各种选择，并实施特定评估方法所需的技术技能和资源水平。而社区利益相关者可使用关键性能指标分析灾害缓解和经济发展计划，从而评估社区的韧性，找到最适合自身需求的解决方案。

在关于社区韧性评价和量化的框架方面，NIST 还同时开发了一套名为"社区韧性评估方法论产品"的工具。这包括两个基础产品，旨在建立一个初代方法论，用于评估基于社区功能的社区规模的韧性，这些功能由建筑和基础设施系统支持，并在破坏性灾害事件后恢复。第一个产品是社区韧性指标和评估框架清单（Inventory of Community Resilience Indicators & Assessment Frameworks）。该评估框架以社区为研究单元，构建包含 56 个韧性量化指标和方法的数据库，这些框架、指标和措施已根据标准化方法进行了评估和编目。这些指标涵盖评估方法中可能包括的所有系统，即物理系统（建筑物和基础设施）、社会和经济系统以及自然系统（自然环境）。这一评估框架具有较为广泛的应用价值，可以应用于各类自然灾害、流行病和恐怖袭击等人类社会的风险事件。第二个基础组成部分是跟踪社区韧性（TraCR）数据库。TraCR 是一种用于开发和测试分析方法的工具，用于计算社区韧性指标。虽然 TraCR 最初旨在为 NIST 研究人员提供社区弹性指标开发工具箱，但该数据库最终将作为公共工具被提供，用于跟踪指标随时间推移而发生的变化，包括计算和可视化指标，以及探索加权选项。TraCR 将支持最终评估方法，其中包括选定的优先指标、在至少一个空间尺度上以相关方式计算每个指标随时间推移的分析方法、如何在不同空间尺度上复制该方法的最佳做法、所有指标的公共数据源、敏感性和不确定性分析和验证研究。TraCR 数据库是一个基于 Web 的工具，可通过基于地图用户界面下载数据。当数据从各种公共来源（如美国人口普查局、劳工统计局）获得时，将进行自动更新。TraCR 至今已获得了广泛应用，采集分析了美国、波多黎各和美属维尔京群岛的 3230 个县（同等单元）的大量社区数据。

波士顿市在制定韧性战略的过程中，发现反复出现的需求是可访问的集中式在线平台，供波士顿的居民共享资源并就韧性愿景和目标进行协作。建设易于访问的在线门户可服务于阐述各类举措及社区发展过程，并允许居民参与开发和实施，跟踪正在进行的项目并交流互动。社区成员也可以提交要求列入新的或正在进行的倡议并查看进展。居民可通过在线平台注册并订阅邮件关注。巴塞罗那市则是通过开展编撰在线韧性地图集的形式进行信息公示。地图集可作为专业工作人员的一种咨询工具，以直观形式传播和分享城市各类脆弱性评估的相关结果。地图集上的信息会定期更新——它涵盖了各种主题，包括气候变化、住房和公共空间，并向公众公开。

在亚洲，新加坡近年来在关注物质空间基础设施建设的同时，也充分意识到需要完善社区韧性体系的重要性。新加坡国家发展部宜居城市中心展开对韧性社区的研究与探索，并于 2022 年发布研究报告《建立社区的韧性》，提出了"如果没有韧性的社区就不可能有韧性的城市"这一理念。中心根据社区尺度制定了一套可以反映社区成员之间关系与凝聚力的评估工具，用以完善建设社区组织在不同环节的公众参与。此外，中心还进行了相关实地研究，确定不同类别并且志同道合的社区组织，并在其中选出代表，以此作为一个完整的组织结构。结果显示，社区组织中的代表在塑造社区韧性中起到了关键作用，他鼓励社区居民参与社区事务。课程由负责设计和组织的规划师主讲，重点关注社区参与和设计思维。通过培训会议的丰富内容与广泛的社会资源，社区的能力和信心进一步增强，提升了社区的能力和信心，社区利益主体进一步参与战略，熟悉了解他们的规划和设计，支持社区开展必要的干预措施。

同时，新加坡可持续发展和环境部的宜居城市中心（Center for Liveable Cities，CLC）还对社区组织进行了名为"我们有多韧性？"的调查评估，以量化和测量任何一个时间点的社区恢复力水平及其随时间的演变。虽然无法查明和解释具体干预措施、冲击和/或压力源造成的波动，但提供了对重要能力的定期跟踪以快速评估社区韧性状态。该工具包含有对气候变化的感知意识、社会资本与凝聚力等维度。在开始时使用它来建立一个基线，然后在关键的社区发展里程碑节点上使用它，如在头脑风暴之后，在构建空间干预之后，以及在干预完成后的一段时间之后进行状态追踪。通过上述调查结果发现，公众在此过程中可密切参与社区集体行动，在此过程中建立起来的知识、技能和社会联系对于提升社区韧性是积极有效的。

五、典型的国际性社区韧性应用工具

（一）国际人道主义救援组织 GOAL 的社区抗灾能力分析工具包

GOAL 作为国际人道主义救援组织，自 2009 年起在洪都拉斯开始了韧性测量工作，同时开展了由美国海外灾难援助办公室（The Office of U. S. Foreign Disaster Assistance，OFDA）资助的"Gracias a Dios 土著备灾和应对实践研究"。从那时起，该应急机构将韧性测量与实地实践相结合，积累了大量减少灾害风险的经验，构建了韧性专业知识的基础。在对这一主题进行了一系列试验性检查后，GOAL 在 2016 年正式设计并发布了 ARC-D（Analysis of Resilience of Communities to Disasters，社区抗灾能力分析工具包）。在此期间，机构同时在非洲、亚洲、中美洲和加勒比地区的 11 个国家或地区进行了广泛的现场测试和推广。贫困社区项目在洪都拉斯和海地取得了良好进展。此外，GOAL 还在 2016 年资助了"系统韧性（R4S）工具包"的初步指南开发，这是一套用于绘制和分析社会经济系统韧性的资源。2016 年底发布的 ARC-D 第二版增强版标志着 GOAL 在抗灾能力领域的领先地位，目前该工具包已在全球范围内得到广泛应用。

ARC-D 工具包用于评估社区的抗灾能力水平，其结构分为两大部分：第一部分聚焦评估社区的总体背景，包括当地人口数据、治理结构、建筑环境和生态系统属性、弱势群体和主要风险情境等方面；第二部分则通过 30 个关键问题引导的讨论，评估社区对所选风险情景的韧性水平，每个问题都与特定韧性构成因素相关联。根据《2015—2030 年仙台减少灾害风险框架》，这 30 个关键问题被划分为 4 个主题领域：灾害风险认知、加强治理与管理、脆弱性降低、备灾强化。这些关键问题主要围绕以下内容展开，如教育、卫生、经济、环境、基础设施、政治/治理、社会/文化和灾害风险管理系统等。

当前，有 255 个国家和地区在进行城市或乡村韧性提升过程中应用了 ARC-D 工具包，而工具包成果转化为政策应用工具的关键在于建设动态监管平台，以进行数据实时汇总、比较建设趋势及跟进项目建设进度，帮助政府或社区了解韧性建设状况，掌握城市或乡村社区防灾能力和物资储备情况。

ARC-D 在操作上使用移动设备应用程序连接 CommCare 开源数据收集平台，该应用程序支持 Android 系统，并具备离线工作能力。完成调查后，系统会显示社区总弹性分数，并在连接到互联网后通过 Wi-Fi 或移动数据将完整评估结果上传到 CommCare 服务器。数据可导出 Excel 等文件格式，或利用 GOAL 开发的 Excel 仪表板进行分析，该仪表板可实时监控社区韧性。仪表板提供所评估社区的初步分析，涵盖基本人口信息、地方治理团体、社区一级计划、自然和物理环境、最脆弱群体、主要冲击和压力及其相互关系和相互作用形成的 "风险情景" 等。另外，该分析还涉及主要风险情景对社区的影响以及他们用来处理优先风险情景的应对机制。仪表板生成包含图形和表格的报告，比较不同社区和风险情境的韧性分数。可视化结果可与利益相关者分享，且根据 ARC-D 应用的国家提供了多个语言版本，主要为英语、法语和西班牙语版本等。

（二）美国全国韧性社区基线韧性指标

美国全国韧性社区基线韧性指标（Baseline Resilience Indicators for Communities，BRIC)[1] 是由美国南卡罗来纳大学危害与脆弱性研究所于 2010 年研究推出，可用于相互比较，识别各地韧性的驱动因素，并监测韧性随时间的变化情况。目前，BRIC 主要应用于美国本土、阿拉斯加及夏威夷地区，每 5 年进行一次全面的指标测度，并已公开了 2010 年、2015 年及 2020 年的研究结果与风险评价图。

BRIC 的主要内容是县级单元社区的韧性评价，评价体系涵盖社会、经济、社区资本、机构、基础设施和环境六大类别，共采用 49 个变量进行综合评估。这些变量均来自美国联邦政府开源数据集。为保证评估结果的准确性，每个变量在标准化后均采用归一化值，变量评分范围在 0～1 区间内。然后，每个子索引中的变量值为平均已创建该类别的总分，以减少不同子索引中变量数量差异所带来的影响。一旦构建完成，所有子索引的得分将被相加并得出社区韧性基线指标的总体得分。每个县的理论得分范围

① University of South Carolina. Baseline Resilience Indicators for Communities. [EB/OL]. [2024-06-02]. https：//www. sc. edu/study/colleges_ schools/artsandsciences/centers_ and_ institutes/hvri/data_ and_ resources/bric/index. php.

应在 0~6 之间。

BRIC 作为评估社区韧性的重要框架，目前已成为美国联邦紧急事务管理局（Fedral Emergency Management Agency，FEMA）国家风险指数（National Risk Index，NRI）的一部分。国家风险指数包括预期自然灾害年度损失、社会脆弱性评估和社区韧性水平 3 个主要方面，其中社区韧性水平即为 BRIC 指标结果。FEMA 建立了交互式国家风险指数平台，该平台汇总了美国可能遭受的所有自然与非自然灾害类型的数据，并将数据及研究结果落至空间，提供国家风险指数可视化地图。社区韧性水平得分和评级反映了与同级别社区相比，某一社区韧性的相对水平。其评分与国家风险指数成反比关系，即社区韧性得分越高，相应的风险指数得分就越低。FEMA 提供的国家风险指数地图，可以在该平台直观了解到各个社区的风险指数、预期损失、脆弱性指数以及韧性指数。

BRIC 框架作为一个宏观的韧性测度框架，自 Susan 等人于 2010 年在美国县一层级的初步测度以来，已经在 2015 年和 2020 年进行了数据更新。此外，部分研究者还将该韧性测度框架应用于挪威、新加坡、英国和伊朗等国家或地区，具有较强的实践性和可操作性。对于国家层面的宏观把控和地区社区复原能力的了解而言，BRIC 框架无疑是一个宝贵的工具。

（三）加拿大社区应对灾难规划工具

2010 年，在加拿大公共卫生局资助下，不列颠哥伦比亚省司法学院（Justice Institute of British Columbia，JIBC）与皇家道路机构和来自加拿大各地的研究人员合作，开发了社区灾害韧性规划（Community Disaster Resilience Planning，CDRP）[①] 框架，以帮助小型、农村和偏远社区确定其社区韧性水平。2014 年，加拿大原住民服务部（ISC）支持与 JIBC 和威尔弗里德·劳里埃大学（Wilfrid Laurier University）的合作进程，并广泛使用原住

---

① Justice Institute of British Columbia. Community Disaster Resilience Planning［EB/OL］.（2024-04-29）［2024-06-06］. https：//cdrp.jibc.ca/how-it-works/.

民顾问，对 CDRP 进行必要的修改，并制定原住民抗灾项目。2019 年，在温哥华基金会的资助下，JIBC 创建了社区灾难规划工具，更新了平台、整体设计和内容。

CDRP 工具包基于网络平台，需要在其平台注册社区账户，便于访问平台提供的危害评估工具、社区清单工具、社区影响工具等。工具包使用主要有两大步骤，首先协助社区成立由 3~4 人组成的规划团队。其次制订提高社区韧性计划，主要包括三个关键部分：一是收集社区关键空间、经济、人口等数据，建立可视化地图；二是根据指标计算社区危害风险分析（Hazard Risk Analysis，HRA）、社区恢复力指数（The Hazard Resilience Index，HRI）及社区韧性指数（Community Resilience Index，CRI），三种指数主要通过问卷调查、灾害管理等形式来体现韧性；三是根据社区的目标、愿景、潜在危害和风险评级，制定优先排序的策略，并确定短期或长期的行动计划，例如成立志愿消防队、开展应急响应计划。

（四）社区推进韧性工具包

社区推进韧性工具包（Communities Advancing Resilience Toolkit，CART）① 由美国俄克拉荷马大学健康科学中心开发，由国际社区更新组织（Community Renewal International，CRI）赞助。CART 调查始于 2008 年对路易斯安那州内的 5 个贫困社区的研究，旨在提升社区居民自组织能力、社会资本参与和动员能力层面的韧性。

社区推进韧性工具包（CART）旨在通过评估、教育、赋权等手段提高社区韧性，包括系统评估社区的减灾、备灾、响应和恢复情况，了解社区韧性，确定并实施提高韧性的行动。CART 评估调查可记录参与者看法变化，涉及四大韧性提升目标，共 21 个核心分目标。四大韧性提升目标分

① PFEFFERBAUM R, PFEFFERBAUM B, HORN V, et al. The Communities Advancing Resilience Toolkit (CART)：An Intervention to Build Community Resilience to Disasters. [J]. Journal of public health management and practice. 2023，19（3）：250-258.

别是：目标一，联系和关怀，包括相关性、参与、共享价值观、支持和培养、公平、正义、归属性和社区内的多样性；目标二，资源，包括社区的自然、物质、信息、人力、社会和财务资源；目标三，变革潜力，源于社区组建团队的经验、收集和分析相关社区居民数据、评估社区活力；目标四，社区灾害管理能力，包括邻里灾害应对能力、参与方式等。

CART 从物质和社会两个方面入手，总结了影响社区韧性的指标，并确定了相应的因素。在初步访谈的基础上，从社区治理、社区居民、社区资源和社会环境等方面获取灾害发生时社区居民应对灾害能力的相关影响指标。具体指标及调查访问内容包括社区居民人口特征（就业情况、年龄、婚姻情况、是否社区组织一员、是否经历过危机等）、邻里关系（是否接受过社区帮助、是否有社区归属感、是否愿意建设社区福祉等）、支持者身份与状态（是否有能力调动资源、是否有应急技能等）。然后采用问卷、访谈等形式完善社区韧性指标体系，并允许社区居民对各种指标进行评分。通过总结和排序，得到各恢复力指标的权重，成为完善的社区恢复力指标体系。CART 强调社交网络，使用差异化的方法帮助社区成员制定和完成促进韧性的行动。此过程也促进了社会参与、人际关系、团队合作与协作，提高沟通技巧、应对能力和适应能力，以及与城市护理网络系统的联系（表 3-1）。

表 3-1　具有国际影响力的社区韧性评估应用工具

韧性工具包	社区抗灾能力分析工具包（ARC-D）	社区基线韧性监测指标（BRIC）	社区应对灾难规划工具（CDRP）	社区韧性提升工具包（CART）
地区/组织	GOAL 国际人道主义救援组织	美国南卡罗来纳大学危害与脆弱性研究所	加拿大不列颠哥伦比亚省司法学院	美国俄克拉荷马大学健康科学中心
组织类型	公益机构	教研机构	科研机构	科研机构

韧性工具包	社区抗灾能力分析工具包（ARC-D）	社区基线韧性监测指标（BRIC）	社区应对灾难规划工具（CDRP）	社区韧性提升工具包（CART）
发布时间	2005 年	2010 年	2010 年	2013 年
目标	确定社区的抗灾能力水平	监测社区对自然灾害的抵御能力	提供社区应对灾难规划过程相关框架	通过社区参与衡量灾害，进而增强社区抵御灾害能力
具体内容	1. 建设社区背景数据库 2. 评估社区灾害应对水平	1. 基于韧性测度指标，比较县一级韧性水平 2. 每 5 年做一次社区韧性测评，以了解社区韧性改善情况	1. 提供社区特征信息及边界，辅助收集社区信息 2. 提供社区危害风险分析工具，计算社区灾害恢复力和复原力指数	1. 获取社区基本信息、数据、调查问卷 2. 组织社区居民及利益相关者参与社区讨论 3. 可视化社区生态、基础设施、成员关系地图 4. 提出与社区韧性提升方法
关键指标	教育、卫生、经济、环境、基础设施、政治/治理、社会/文化和灾害风险管理	社会、经济、社区资本、机构、基础设施和环境	教育、健康、社会福利、食品安全、能源安全	联系与关怀、社区资源、变革潜力、灾害管理
实践与应用	非洲、亚洲、中美洲和加勒比地区的 11 个国家或地区	美国本土、阿拉斯加及夏威夷	小型城市社区、农村和偏远地区	美国市区中的 5 个贫困社区
应用区域	衡量农村、城郊和城市环境中的各社区抗灾能力	比较基于时间变化的县一级或人口普查区内的社区韧性	小型城市社区、农村和偏远社区	城市社区单元，基于社区长期参与和干预的社区韧性评估及提升

韧性工具包	社区抗灾能力分析工具包（ARC-D）	社区基线韧性监测指标（BRIC）	社区应对灾难规划工具（CDRP）	社区韧性提升工具包（CART）
技术—政策融合方式	为当地政府提供自下而上的政策	为美国公共卫生官员和应急响应规划人员提供社区韧性年度变化数据支撑	加拿大政府资助科研机构，并与政府合作建立框架。同时积极引入社会资本（温哥华基金会）参与，构建完整、便于多元社区使用的工具包	社区非营利组织（CRI）赞助，可持续的社区韧性研究与提升

从各地各组织的韧性社区规划中能明显看出，全过程和全方位的韧性社区建设与治理大多是分步走的。韧性社区的建立一定是在灾害或突发性公共安全事件发生前提前准备，在灾害发生中积累经验、调整策略，完善评估方法，再针对性地对受灾社区韧性进行提升，并全过程进行评估修正，最终形成一个地方性或全国性的韧性社区建设或规划指南和标准。

本章小结

本章聚焦韧性社区的分析技术与公共政策的应用，介绍了全球韧性社区在实施层面的典型案例。我们特别分析了韧性社区实施较为成熟的一些国家的政策应用情况，以及国际相关组织已将这些政策转化为应用工具。此外，还列举了这些工具所依据的技术标准和操作流程。近年来，全球数字化发展趋势为韧性社区的技术支持和政策制定提供了有效的结合点，这些都为我国进一步推进韧性社区发展建设及将新质生产力融入社区发展提供了有益的参考和借鉴。

第四章

社区物质环境韧性

一、社区物质环境韧性概念及国际经验

社区物质环境通常包含社区内所有的建筑和基础设施系统，也被广泛称为建成环境（Built Environment）。社区的建筑基础设施系统的正常运行是城市居民生活的供给保障，而灾害的发生所带来的破坏通常使城市遭受多个维度的冲击。灾害破坏的影响不仅包括对固定资产的损害，还包括关键服务中断，以及由此产生的社会和经济影响。社区物质空间环境的韧性发展目标是基于建筑和基础设施系统在社区中所扮演的重要角色。为了使社区在破坏性事件发生后仍能保持韧性，这些结构需要按要求发挥积极作用，支持社区快速反应与灾后恢复。在日常运作和灾害应急响应及灾后恢复过程中，社区与建筑和基础设施系统之间存在着不可或缺的关联。有些设施机构的供给能力高度依赖于建筑物质环境系统的正常运行。

（一）美国 NIST 建筑和基础设施系统的社区韧性规划指南

参考美国国家标准与技术研究院（NIST）给出的定义，建筑和基础设施系统应具备"快速适应并从灾害影响中恢复基本结构和所需功能，同时适应新环境的能力"[①]。为了提升社区层级中建筑与基础设施系统的综合韧性，以帮助社区应对各类扰动因素带来的影响，NIST 联合相关工程设施系统多个部门特别编制了社区韧性规划指南，并在以下多个维度给出指导建议：

---

① NIST. Community resilience planning guide for buildings and infrastructure system [EB/OL]. (2020-10) [2024-06-06]. https://doi.org/10.6028/NIST.SP.1190GB-16.

（1）构建建筑集群需要来自基础设施系统的服务才能发挥其功能。在短期内，可使用临时解决方案（如应急发电机或便携式供水系统）来恢复服务和功能。鼓励社区为基础设施系统的恢复设置功能级别，以支持构建集群恢复。

（2）为建筑、建筑集群和支持的基础设施系统设置性能水平的程序直接适用于新的建设和改造项目。为这些项目建立的设计标准应该基于它们所支持的构建集群的相同性能目标。为了实现长期的社区韧性，所有的新建筑都应设计到社区指定的绩效水平。

（3）应对风暴、飓风、龙卷风、地震、地面断层、山体滑坡、洪水、沿海洪水/风暴潮、海啸、火灾和火灾后引发的次生灾害、雪、暴风雪、冰雪、冰坝、冻结或解冻，暴雨淹没排水系统、技术或人为爆炸、车辆（包括铁路）影响、工业或其他事故造成的有毒环境污染以及危险事件后的清理/处理方法。许多灾害危险需结合当前的物质环境设计规范和标准来解决。

（4）持续投入，每个社区都应识别并规划可能对物质环境产生重大负面影响的危害，并制订灾害缓解计划。由于需求变化、技术提升和信息化，设计标准也在不断发展。许多现有的已建环境可能无法满足社区设定的长期性能目标。临时或短期的解决方案可以解决短期需求，同时应制订长期、永久解决方案。

此外，美国更为宏观的国家基础设施保护计划（NIPP）① 涉及 16 个关键基础设施部门，这些部门利用对国家安全至关重要的特定服务和资源来处理设施和资产。社区基础设施计划也应与 NIPP 结合，以促进政府、私营部门所有者和关键基础设施社区运营商的合作，共同管理风险，实现

---

① CISA. National Infrastructure Protection Plan and Resources［EB/OL］.［2024-06-06］. https：//www.cisa.gov/topics/critical-infrastructure-security-and-resilience/national-infrastructure-protection-plan-and-resources.

安全和韧性目标。鼓励合作伙伴识别其业务和社区的关键功能与资源，以支持备灾规划和能力发展。

（二）英国社区物质环境韧性与基础设施评估

英国政府相关部门对集中在社区中的公共安全和建筑物开展风险分级管理（RC）①。一级管理 RC Ⅰ 包括对人类生命来说风险较低的未占用建筑物，二级管理 RC Ⅱ 为其他类别中未包括的"普通"建筑物提供设计，三级管理 RC Ⅲ 包括占用水平较高的建筑物（如公共集会区），四级管理 RC Ⅳ 包括在危险事件发生后需要保持其功能的关键建筑物（如医院、消防和警察局）。规划设计需要考虑的风险和影响是在基于二级管理风险上，并且对于三、四级管理着重增加；偶尔一级管理也可能具有相同或稍低的风险处置。设计需要额外的专业指导来解决建筑物和其他结构在危险发生之前、期间和之后的功能配置，基于通过社区发展目标性能、设计方法和评估标准来支持建筑基础设施的韧性水平。

上述政策指导帮助社区思考和规划社会与经济需求、评估特定危害风险以及建筑环境的恢复能力。它为重要的社会功能（医疗保健、教育和公共安全）及建筑和基础设施系统（交通、能源、通信以及水和废水）设定了绩效目标。社区的社会经济需求和功能推动了建筑环境绩效目标的设定，使社区优先事项、资源与韧性目标保持一致。建筑物和基础设施系统需要用于在发生破坏性危险事件后恢复功能的性能指标，而该韧性指标则侧重于功能和性能方面的提升。社区韧性规划评估不仅需要关注"功能恢复时间"，还需要评估单个建筑物和基础设施系统的恢复标准（表4-1）。

---

① Cabinet Office. Keeping the country running：natural hazards and infrastructure［EB/OL］.（2011-10-21）［2024-06-06］. https：//www. gov. uk/government/publications/keeping-the-country-running-natural-hazards-and-infrastructure.

表 4-1　英国关键设施和相应功能

功能类别	构建集群	提供的功能和服务
关键设施	危重医疗	急性护理
	急症护理医院	分诊、紧急护理
	紧急行动中心	运输协调
		911 服务、调度
		紧急行动
		事件响应、协调（公用事业、公共安全机构等）
	关键政府第一响应者设施	运输、道路通道、杂物清除
		通信
		内部 IT 系统功能
		消防、紧急服务
		警察、公共安全
		建筑安全评估
		响应服务文档和记录
		垃圾、杂物填埋场
	非流动设施（监狱、疗养院等）	住所、食物、护理、安全
		成人护理、监护护理

资料来源：https：//www.gov.uk/government/publications/keeping-the-country-running-natural-hazards-and-infrastructure。

二、社区物质环境韧性的五大系统

本章节将社区物质环境韧性分为五大系统（图 4-1），即基础设施、公共空间、交通移动、建筑物以及数字信息网络，并对每个系统分别进行专项研究。

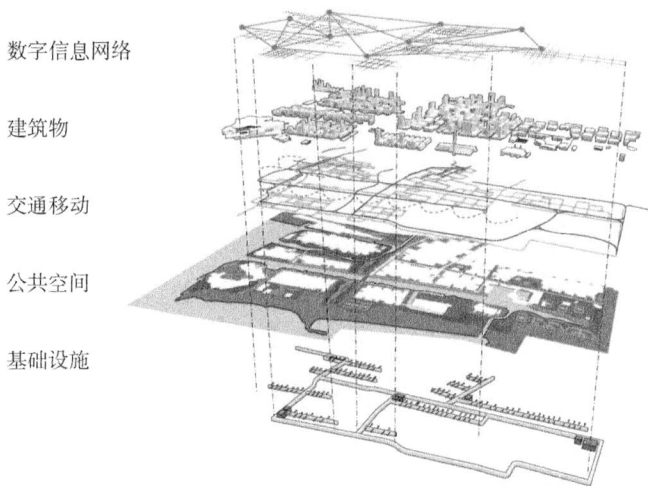

数字信息网络

建筑物

交通移动

公共空间

基础设施

图 4-1　社区物质环境韧性的五大系统

（一）基础设施系统

基础设施系统，又被称为关键"生命线"，包含供水、供电、运输、通信、环卫等基本城市保障服务，对社区的正常运转至关重要。基础设施尤其是供水、供电、通信等服务的中断，将很大程度影响居民生活，并影响人们的健康和福祉。基础设施的韧性应致力于最大限度地减少生命线停运或中断。虽然大多数社区都依赖传统城市公共基础设施的外部供给，但现场应急配用系统也常见于医院、数据中心和公共安全空间。然而，应急发电机通常依赖柴油或天然气，因此需考虑设施的空间与能源依赖关系和适用场景的解决方案。较多的研究认为，在一个完全有韧性的社区中，所有建筑和基础设施系统应从设计级别的危险事件中快速恢复，服务几乎不会中断。建筑物保持可用，基础设施系统持续运行，只需要若干时间就能清理残局并恢复正常运行。而事实上，建筑物和基础设施系统经过长期的建设和使用会老化和退化，其使用和需求会发生变化，技术、规范和法规的变化方面也会落后。因此，许多建筑物和配套基础设施系统可能不符合当前的最低规范要求，在现有条件下不太可能帮助社区恢复能力。因此，专为危险级事件设计的较新设施和系统，在事件发生后进行少量维修即可恢复使用和运营，则更有可能有助于社区的恢复能力。并非所有建筑和基础设施系统都需在发生危险事件后能够作出响应，但应努力确保它们的大部分在恢复正常状态时能够完成运行。

关键基础设施是一系列复杂的相互依赖的建筑和自然系统，韧性方法的一部分是准确理解这些系统的全部地理和功能广度，以及所建立的城市环境和周围的管理景观之间的联系。像飓风这样的冲击会对城市的关键基础设施系统产生连锁影响。当一个系统被破坏时，它会对其他关键系统的功能产生负面影响。例如，风暴期间的停电可能会损害能源密集型泵站的功能，导致严重的街道洪水。认识到这些系统的相互依赖，如基础设施——可靠和负担得起的交通和通信网络——不仅对抵御冲击至关重要，而且对支持经济增长和稳定、提供可靠的服务等也至关重要。而微电网通过将建筑物与从传统电网自主运行的本地化能源合作社联系起来，增强其用电韧性。采用太阳能、风能和生物质能等可再生能源，可以减少对传统公用电源的依赖，甚至实现离网运行。根据不同情况，投资可再生能源的回报率对业主越来越有利，尤其是在考虑公用事业停电期间停机的机会成本时。单个建筑物可能无法实现完全的电网独立性，但多栋建筑构成的社区则可实现资源集中。作为校园或社区一部分的建筑物可以利用与相邻发电机、光伏阵列以及其他系统的连接来实现自主供电，保持脱离城市电网的独立运行能力。此外，在飓风或洪水来临的情况下，饮用水系统和废水处理设施可能会瘫痪。而开展自适应的饮用水提取可以减少建筑物在危机期间对公共水源的依赖，帮助社区提高灾害抵御力。虽然运水车或瓶装水可以补充饮用水源，但其他依赖水的系统，如锅炉和冷却塔，仍然很脆弱。在这种情况下，雨水收集和储存系统对于持续运营至关重要。

美国波士顿的能源设施冗余度提升

波士顿制订社区能源解决方案的行动计划，旨在实施有韧性的低碳能源策略，包括地区能源、地方能源生产和微电网等，以在波士顿能源系统中断时提供关键的替代能源。能源冗余度有助于确保关键设施（如杂货店、药房、老年人住宅和经济适用房开发项目）在极端天气事件期间和之后能够继续运行。这种冗余对最容易受到城市热岛效应影响的社区降温尤为重要。同时，还可以保护社区免受日益严重的针对电网的网络攻击威胁。最后，清洁能源微电网通过提供负担得起的能源，抵消主电网的能源负荷，降低日常成本，可以实现日常运营的环境和经济效益。

澳大利亚昆士兰州基础设施韧性提升计划

澳大利亚政府旨在增强公共基础设施对当前和未来灾害的承受能力。为此，昆士兰州制订了基础设施提升计划，重点包括：改造和实现公共资产的基线韧性，确保基本服务的连续性和可访问性；改善基础设施（如道路、水、下水道、能源和电信）的韧性；加强和维护洪水预警网络；加强水安全，包括城镇供水和大坝管理；制订热浪管理计划和城市设计热计划；持续实施现有的风险缓解和降低计划，并更新适合危险环境的建筑规范。

（二）公共空间系统

公共空间可以承载社区居民的日常社会活动①，始终是社区韧性的关键体现。在近年来的社区规划建设中，公共空间得到了重视，为老人和儿

---

① De VISSCHER S, BOUVERNE-DE BIE M, VERSCHELDEN G. Urban public space and the construction of social life: a social-pedagogical perspective [J]. International Journal of Lifelong Education, 2011, 31 (1): 97-110.

童提供了更多的娱乐休闲空间。其中包括户外开放性空间，如街道、广场和有绿化覆盖的绿色空间。绿色空间在社区主要表现为内部绿地、街头游园等与社区紧密联系的绿地。在城市尺度上，绿色空间也被定义为一种绿色的"基础设施"。与其他基础设施相比，绿色空间具有多种好处，如改善社区健康福祉水平、改善空气环境、增加栖息地以提升生态复原力。从空间韧性角度来看，绿色空间往往具有一定的缓冲性，能够模仿自然流域缓慢、扩散和下沉功能。社区的绿色空间可设计为收集和利用雨水、减少径流和洪水、减少园林绿化用水需求、对抗危险的城市高温等功能。同时，除了绿地，建筑屋顶绿化也可以帮助保温，以抵御冷热。街道树木和其他植被也能吸收空气污染，帮助遮荫和降温。

以雨水花园为例，很多城市的社区开始利用街道和广场等公共空间来创建一个冗余、有弹性和分布式的城市雨水吸纳系统。这一系统强调了社区行动如何通过将人们与雨水的社会和生态目标交织在一起，加强协同，从而改善社区物质环境系统的压力冲击和循环利用状态。雨水管理是可持续地利用场地朝向和景观，以减少雨水流入街道、草坪和其他区域。例如，生物洼地在捕获、处理和过滤雨水径流方面非常有效，因为它向下游移动，能够减缓径流并清洁水，同时重新填充地下水位。而在旧的水系统中，雨水通常只是被简单合并。在洪水状态下，该策略可以影响甚至决定建筑物的生存和反弹能力。这不仅可以消退暴风雨期间的街道和地下洪水，还可以防止污水进入受纳水域，减少对水生物种的影响及病原体和细菌的传播。

▋案例研究▋

哥本哈根社区气候广场

塔辛格广场（Taasinge Square）是哥本哈根首个气候适应型社区空间。雨、风和阳光成为城市生活一部分，并可成为社区的聚会场所。这种模式也为附近的 Skt. Kjelds 社区改造提供了基础。其气候适应力在于控制和保留广场周围雨水，通过转移、蒸发和保留屋顶和街道的雨水，延迟水流至下水道，确保未来暴雨时的应对能力。广场可以处理大量雨水，预计将延迟及渗透4300平方米雨水。此外，地形和植被被作为韧性设计的一部分，不仅增强了社区的韧性，还为城市的自然生长提供了空间。广场的雨水排水可避免下水道堵塞，提高哥本哈根的抗暴雨能力。该项目获得了2016年欧洲城市公共空间奖特别奖，并入选Sustainia全球100个最具远见的气候项目名单。塔辛格广场成为城市活力的象征，并增强了社区居民的归属感和参与感。类似的气候适应性的韧性公共空间设计将覆盖更多的哥本哈根街道和广场（图4-2）。

图4-2 哥本哈根塔辛格广场设计方案

美国滨海地区威尔明顿市绿道及滨水公园设计

威尔明顿市是美国北卡罗来纳州的主要海港，西临开普菲尔河，东侧毗邻海岸线，有较多的滨海社区。为了适应市区人口的增长，该市从战略上集中改善基础设施，并通过绿色街道网络连接开放空间。引入雨水管理的LID技术，如利用生物滞留和植被繁茂的沼泽以完善雨水花园。绿色基础设施与LID的整合既可以增强城市的质感，又可以增强城市抵御暴雨、暴风雨和洪水威胁的能力。新的城市生态系统嵌入现有的网格街道格局中，该系统通过新建设绿道，可渗透进绿色街道以及公共开放空间和公园，将河滨连接并延伸到城市核心。

北滨水公园是威尔明顿的标志性城市公园，也是人与河流密切互动的公共区域。在公园的活动场地设计过程中，自然渗透能力被优先考虑，通过使用透水路面系统、大草坪中的渗透廊道和地下渗透系统来促进渗透。规划元素与雨水设计相结合，纳入许多被动雨水处理技术，用一套雨水控制措施将大量水资源控制保留在现场，减轻周边社区排水压力，创新了自然生态化的公共空间设计（图4-3、图4-4）。

图4-3 威尔明顿北滨水公园改造前照片

资料来源：https://coastalreview.org/2020/12/resilience-is-key-in-wilmington-park-plan/。

图4-4 威尔明顿北滨水公园改造设计方案

资料来源：https://coastalreview.org/2020/12/resilience-is-key-in-wilmington-park-plan/。

（三）交通移动系统

在社区层面可通过投资交通设施来增强流动性，促进更多的社区互动和交流以提升韧性。[①] 很多城市的交通韧性问题开始注意到这点。为了提升社区交通出行的韧性，需要从多个方面进行考虑和优化。首先，应重视社区交通设施的多样性，通过提供多种出行方式，满足居民不同的出行需求，增强交通系统的适应性。完善公共交通设施布局，推广自行车、步行道等低碳出行方式，并促进居民的健康出行。其次，社区交通出行韧性还应考虑社区交通系统在面对各种突发状况时，仍能保持稳定和持续运行的能力。这意味着社区交通设施应具备灵活性，能够在突发状况下快速应对，灵活转换用途。例如，公交车道可以转换为应急救援通道，以保障救援车辆的快速到达；在应对新冠疫情等风险场景时，能够重建有韧性的交通系统，迅速改善道路网可达性，并降低公共交通系统中疾病传播风险。此外，借助可移动的城市家具可以战略性地放置，灵活调整空间尺度，通过结合灵活调整的空间，显著提高街道空间的利用率，进一步增强交通韧性。

▌案例研究▐

巴塞罗那社区内交通规划

著名的巴塞罗那超级社区规划是典型的交通治理型规划，在规划实施后，该规划改善了社区综合环境及微气候环境和出行舒适度，并且减少了车流量，对促进居民健康起到了积极作用。2018 年，巴塞罗那提出了"让街道从了为了通勤到为了生活"的理念，推出了"超级街区计划"，强调城市街道需要具备可逆性、自适应性和可循环性。这并不意味着要新建设

---

① SONG S, DIAO M, FENG C C. Urban Mobility and Resilience: Transport Infrastructure Investment and the Demand for Travel. [J]. Advances in 21st Century Human Settlements. 2020.

施，而是重新利用现有空间，创造一系列拥有安静、舒适的新型社区交通网络。

超级街区由现有 9 个街区组合成一个 3×3 的广场。交通将被限制在其周边的道路上。在超级街区内，汽车的速度将被限制为每小时 10 千米，且所有的道路将被限制为单向通行。每 400 米一个的交叉路口将会维持稳定的交通流量，在节点处，公共汽车网络将和自行车网络相交。作为计划的有益补充，巴塞罗那为整个城市增加了长约 300 千米的自行车道，同时在城市范围内覆盖尽可能密集的巴士交通网络，使得市民在任何地点都能就近找到巴士车站，且平均等候时间不超过 5 分钟。

圣安东尼是超级街区计划中的一处示范区。对此，街区规划师进行了临时的、可逆的及可适应性的空间设计策略。设计团队在此次项目中构建了适应性城市家具，图形化指示系统如图案、标识、交流工具等（图 4-5、图 4-6），并研究了相应的交通运行和行人布局策略。街道被铺装、重新引导划分，展现了超级街区如何逐步在灵活的城市环境中自适应发展。街区可以从开放状态切换为半封闭状态，对机动车出入进行合理且必要的限制。而对于促进街区的绿色出行则主要依靠完善附近的公共巴士交通网络，进行车道改造设计，以促进步行、自行车等绿色出行方式。公共空间弹性化改造成可支持多用途的自适应型城市微广场，能够丰富市民的社交集会活动需求。

图 4-5 巴塞罗那圣安东尼超级街区适应性变化实景照片（1）

图 4-6 巴塞罗那圣安东尼超级街区适应性变化实景照片（2）
资料来源：https：//ajuntament. barcelona. cat/superilles/ca/content/sant-antoni。

新加坡红山乐龄安全区

新加坡陆路交通管理局在老年人口比例较高的住宅区设立了乐龄安全区，旨在显著提升老年群体的步行安全性。其中，红山乐龄安全区成为首批 5 个试点区域之一。针对老年群体步行速度较慢的特性，红山乐龄安全区创新性地实施了"安全岛"策略。该策略在宽阔道路的中心区域构建了一个安全缓冲区，使得行动能力受限的老年人能够分段横穿马路，并在穿越过程中能够获得更多休息、观察和应对的时间。为了进一步提升老年人过马路的安全性，红山乐龄安全区的人行道绿灯时间被精心调整，以匹配老年人的步行速度，从而为他们提供更为充裕且安全的过马路时间。同时，红山乐龄安全区还进行了一系列全面的步行道路改造工程。通过增补道路面积等有效措施，实现了最大限度的人车分流，显著提升了步行环境的安全性。此外，步行道被精心连接至社区内的公共空间和绿地，为老年人营造了一个舒适且安全的散步环境，有助于他们进行日常的身体锻炼和社交活动。在部分失能老年人密集的区域，乐龄安全区采用了路面起拱策略。该策略有效地消除了路缘石的高度差异，确保了轮椅的无障碍通行，极大地提升了这些特殊群体的出行便利性。同时，为了提醒过往车辆注意使用轮椅的老年人的出行安全，乐龄安全区在路面显著位置设置了加强标识。对于盲人或视力下降的老年人，乐龄安全区还在马路前后设置了局部盲道，为其提供了额外的行走指导和安全保障，确保他们能够在安全的环境中进行日常活动。

（四）建筑物系统

高性能建筑在社区项目中的应用具有举足轻重的地位。它不仅能够提高社区在可持续性、舒适性、安全性和美观性等方面的性能，还能促进建筑的智能化发展，为居民提供更加健康、舒适、安全的生活环境。从可持续性的角度来看，高性能建筑设计致力于降低能源消耗，减少对环境的负面影响，确保社区的可持续发展。这不仅有助于节约资源，还有助于保护环境，为未来的世代创造更加美好的生活环境。高性能建筑设计注重提高室内环境的舒适度。采用先进的建筑技术和材料，有效保障室内在空气质量、温度和湿度等方面的舒适度，从而提升居民的生活品质。舒适的环境能够让居民身心愉悦，更好地享受生活。安全性是高性能建筑设计不可忽视的重要方面。通过采用高强度的材料和结构，有效提高建筑的抗震、抗风等能力，确保居民的生命财产安全。这是对居民的基本保障，也是社区项目必须承担的责任。同时，高性能建筑设计注重建筑的智能化发展。通过引入智能化的控制系统和技术，实现建筑的自动化和智能化管理，提高建筑的运行效率和管理水平。这不仅能够提升社区的现代化水平，还有助于提高管理效率，为居民提供更加便捷的服务。美观性也是高性能建筑设计的重要考量因素。采用现代化的设计理念和技术手段，使建筑外观更加美观、大方，提升社区的整体形象和品质。美观的建筑不仅能够为居民提供视觉享受，还有助于提升社区的吸引力和凝聚力。值得鼓励的是，即使在正常条件下（未发生灾害风险），这些策略在提高建筑利用效率和增强经济韧性等方面仍然有用。

高性能建筑设计鼓励在新建筑中采用高性能建筑以最大限度地提高建

筑能效和可持续性。虽然它主要是为了减少能源使用、改善室内环境质量和降低碳排放，但同样也有助于韧性运行，使建筑物减少对外部公用事业的依赖，并在中断期间也能保持运营。采光是空间和设计元素的战略性安排，以最大限度地提高整个建筑的自然光。即使没有电，日光充足的建筑物可以在白天被动运行、被动供暖和制冷，通过有选择地、有益地利用太阳的辐射能来帮助调节建筑物的内部温度。通过精心选择建筑场地、朝向和材料以及控制传导、对流和辐射等自然过程，建筑能够自行保持凉爽或温暖。除了在正常运行条件下节省能源，这些策略还可在供暖和制冷系统关闭时保障更舒适的室内环境。自然通风控制进出建筑物的空气流量。自然通风可以改善全年的室内空气质量，同时减少对机械通风的依赖。可再生能源的加入进一步提高了恢复速度，无论周围情况如何，都能为建筑物提供动力源。除了减少对应急系统的依赖，高性能建筑设计还提高了恢复速度。更低的能源需求意味着恢复运行所需的备份资源更少。这允许使用较小的独立发电设备，从而减少对备用燃料源的需求，并减少灾难期间对外部供应链的依赖。

| 案例研究 |

新西兰 Outright 高性能建筑的设计指南

新西兰国家从层面意识到建筑业必须担负起实现 2050 年碳中和目标的任务。为此，新西兰通过参考与其气候相似地区的建筑设计规范，运用科技手段提升建筑本身的节能环保功能，减轻建筑对生态环境的影响。其高性能建筑设计指南重点如下所示：

1. 建筑绝缘

整个建筑围护结构，包括地板、墙壁和屋顶，都需要隔热，创造一个宜居和健康的室内环境。隔热良好的建筑物在冬天不会损失太多热量，在夏天也不会获得太多热量。理想情况下，它将全年保持舒适、一致的

20~25 摄氏度。为此所需的绝缘量会有所不同。

2. 消除热桥接

热桥是指建筑围护结构中穿透热障并提供从外部环境到内部的直接链接或"桥梁"的元素。这通常与屋顶或墙壁框架等结构构件有关。特别令人担忧的是框架过多或交界处（地板与墙壁之间以及墙壁与屋顶之间）的区域。热量或冷气将沿着该点传递，从而影响绝缘材料的整体性能。许多人低估了热桥接对绝缘性能的影响。热桥会导致建筑物在其整个生命周期内的热性能整体下降，并可能导致建筑中出现冷凝的斑点。

3. 气密性

气密性通过防止空气通过建筑围护结构流动而损失热能，有助于实现良好的隔热效果。使问题更加复杂的是，漏气会引入新的外部空气，需要加热以保持房屋舒适。气密性是通过使用智能建筑膜和刚性空气屏障来实现的。确保每个接头都完美密封，系统内没有间隙，这对于空气屏障的成功至关重要。

4. 高性能门窗

建筑物的玻璃对建筑能耗有很大影响。新西兰的标准门窗传统上使用铝，铝是热的极好导体。这在冬季形成的冷凝水中尤为明显。高性能产品，如木材、UPVC 或热破碎铝、细木工制品都是可用的，应被视为建筑设计和能效提升过程中的重要部分。

5. 机械通风

热交换通风系统对于高性能房屋的运行至关重要，它冲洗掉陈旧的空气，并用持续供应的新鲜、温度可控、过滤的空气取而代之。这些系统可能非常高效，可以回收约 90% 的热量，并且仅使用少量能源。连续抽气通风也是北方温暖气候的一种选择。虽然非常经济，但抽风机没有热交换通风系统那样的好处。如果没有持续的机械通风，该物业很可能会受到空气质量差和可能的潮湿问题影响。热交换通风系统可保证空气质量，但可能需要额外的加热和冷却才能在空调空间内达到舒适的温度。

6. 设计阶段能量建模

建模可以在建造之前预测整个建筑的性能。建模师利用平面图、剖面图、立面图和现场照片来制作详细的 3D 热模型。这为满足建筑物性能目标所需的玻璃和隔热材料奠定了基础。各个供应商可以为其特定产品（如窗户、墙壁组件、绝缘材料等）提供规格，但重要的是要检查所有不同组件如何协同工作。设计阶段的能源建模应该让建筑师和客户都相信建筑的性能将达到他们的期望（图 4-7）。

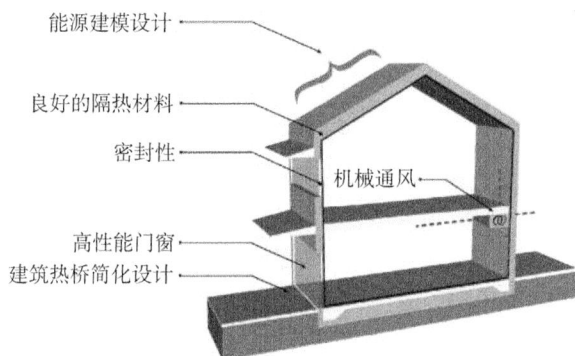

图 4-7　高性能住宅建筑设计示意
资料来源：根据资料 https：//www.outright.co.nz/改绘。

（五）数字信息网络系统

电信基础设施如果足够密集，其结构具有一定的弹性，但与其他关键基础设施一样，故障点容易受到急性和慢性自然灾害的影响。社区终端的移动天线可以承受每小时 250 千米的风速，而地面电缆要么在地下的管道中，要么在木质和金属杆上。然而，倒下的树木或脱落的碎片可能导致故障，并且很多情况下这是无法避免的。因此，确保在发生灾难时及时恢复服务比保护最后一英里暴露资产的投资会更有效。

在构建具有适应性和恢复力的社区时，通信信息网络安全是一项至关重要的考虑因素。社区对其数字网络的安全依赖度越发重要。随着社区对互联网的依赖程度越来越强，网络攻击的频繁性和复杂性也越来越高，这使得网络安全成为日益严峻的弹性挑战。2015年，一次网络攻击导致乌克兰发生重大停电，影响了约23万名用户。2021年，美国Colonial Pipeline遭受的勒索软件攻击导致美国东海岸多个州出现燃油供应短缺。网络攻击不仅会影响计算机系统并损害个人信息，还可以直接或间接导致城市系统停摆。

韧性策略需要考虑网络攻击对基础设施系统的影响。在网络攻击导致电力、水、天然气和其他关键公用事业瘫痪时，必须有维持运营的方法，如切换回传统的线下模式。需要采取一系列严格且稳妥的措施，确保设施网络的健康度和安全性。具体来说可分为以下几点。

第一，提升网络韧性。在社区硬件设施的网络架构设计中，充分考虑各种可能的威胁，采用分布式架构和冗余设计，确保网络在遭遇攻击或故障时，能够迅速恢复并维持正常运作。

第二，建立安全管理制度。制定并执行一整套严格的社区网络安全管理制度，包括数据备份、访问控制和应急响应等，确保信息资产的安全。

第三，加强跨部门跨领域合作。面对复杂的网络安全威胁，社区基础设施的相关部门和领域需密切协作，建立多方联动机制，共享安全信息，共同应对网络安全威胁。

第四，持续监测与评估。对社区网络运行状态和安全态势进行持续监测，及时发现潜在的安全风险。定期进行安全评估，全面了解当前安全状况，以便及时调整安全策略。确保社区通信信息网络安全稳定运行，为居民提供更加可靠的服务。

由此可见，建设韧性社区应急管理平台对抗灾能力至关重要，对于社区来说，安全的数字政府IT基础设施与拥有弹性的基础设施一样重要。政府IT技术应能够抵御自然风险以及人为网络威胁。风险应急软件允许使用

GIS 等软件可视化关键信息并收集和恢复至关重要的数据。该软件可以使地方政府更容易制订有组织的应急管理计划、第一反应小组，并防止灾难性的基础设施后果。

以前，在发生洪水或火灾时，许多尚未通过政府云实现自动化流程数字化的市政当局失去了关键数据。故为了防止关键记录被丢失并确保业务连续性和基本服务的交付，抵御灾难的最佳数字基础设施是基于云的政府管理软件。由此便可以在必要时实现远程工作，可以随时随地访问，使工作能够专注于救灾和恢复，而不会丢失记录和数据。

┃ 案例研究 ┃

新加坡城市中数智化应用案例

为应对人口老龄化及各类频发灾害风险，新加坡政府正在寻求数字技术的进步以提升城市韧性。由于新加坡 80% 的公民居住在公共住房中，政府机构通过与私营科技公司进行合作，在城市中嵌入可以连接到聚合盒的传感器，用于监控能源和管网管理系统、老年人看护系统等，以收集城市中所产生的各类数字信息。收集到的交通量或居民活动数据发送至专业机构进行分析，旨在形成动态的 3D 城市模型和协作数据平台，以便更好地提供服务应对潜在风险。

三、滨海地区的社区物质环境韧性应对

在靠近海岸线的城市地区，人口非常密集，社会经济活动频繁，约20% 的全球人口生活在海岸线 100 千米以内。沿海城市地形复杂，受海洋和陆地环境的双重影响。滨海地区由于气候环境的特殊性，风、浪、流、潮等自然现象所形成的台风、海啸、风暴潮等自然灾害频发，极端天气增多，对沿海居民的生命财产安全构成严重威胁，极端场景可能对沿海社区

的物质环境与设施、居民的生命健康安全、公私经济财产造成毁灭性破坏。在全球气候变化和海平面上升的背景下，滨海社区更容易受到极端天气威胁，因此，提升滨海社区的防灾减灾能力显得尤为重要。

(一) 社区抵御洪水策略

在英国，超过三分之二的房产依赖于有洪水风险地区的基础设施和网络提供服务。关键基础设施（如电力站和水处理厂）在洪水面前显得尤为脆弱。近年来，洪水对社区造成了相当大的破坏和经济损害。英国环境署增强长期投资方案强调了基础设施对未来气候韧性的重要性。

1. 韧性评估

苏黎世社区洪水保险恢复力测量基于对 44 个洪水韧性指标的定量和定性测量，评估社区对洪水的恢复力。每个指标都以 4 分来评估，从"最佳实践"到"显著低于标准"，为社区对洪水韧性如何随着时间推移而变化提供证据。

2. 工程系统

在城市土地利用中，针对位于洪水风险区域的社区、财产、道路和公用设施，规划在无洪水风险地区建设关键排水设施。确保排水能够承受未来预测的降雨量和强度。在城市地区，相对于多孔路面，硬质路面的广泛使用增加了洪水风险，而使用自然洪水管理方法则可以有效降低洪水强度，促进洪水的消退。在关键场所和紧急服务控制地点设置备用电力系统，如柴油发电机。

3. 社区规划

社区应对洪水的城市设计策略需要综合考虑水文地质条件、社区规模和居民需求等因素，采取多种措施综合应对洪水的威胁。在选址规划中，应考虑洪水风险区域，避免在洪水易发区建设社区住宅。在绿地建设方面，增加社区内的绿地和湿地面积，提高水的渗透能力，减少洪水的积聚和储存。在社区建设雨水收集系统和蓄水设施方面，将雨水储存起来，减少径流量，降低洪水峰值。

4. 建筑设计

建立社区抗洪建筑指南和设计检查表，如澳大利亚昆士兰州的《房屋抗洪建筑指南》，提供了实用的技术建议。在房屋下层铺设抛光混凝土或瓷砖地板，可以防潮并减少洪水后的清理工作。墙壁上安装百叶窗，让水顺利流过，减少损坏。楼梯加宽，便于在洪水前将家具搬到楼上，保护住户财产。又如澳大利亚布利斯班市的《如何提高屋主抗洪能力》①，提供了包括花园、外部设施、外部构造、内外部装修、门窗和建筑开口等详细的房屋建造指南。通过在下层安装抛光混凝土或瓷砖地板来防潮，可大大减少洪水后的清理和恢复工作。在房屋下层的墙壁上安装百叶窗，使水在洪水期间能够轻松流出房屋并减少损坏。下层加宽楼梯，在洪水来临之前将家具搬到楼上以保护财产。

（二）社区抵御风暴潮策略

1. 韧性评估

风暴潮是用来描述风暴潮和天文潮汐水平的综合效应，指由于强烈的岸上风和/或通常由大气压降低，沿海岸线持续高于正常预期的水位，一般是由天文潮汐或遭遇风暴所导致的海岸线水位异常升高现象。通常，风暴潮会导致水位逐渐上升。然而，在极端情况下，水位可能每小时迅速上升数米。风暴潮的强度通常以高于正常水平的高度来衡量。如1899年的飓风马希娜造成昆士兰东海岸特大风暴潮，最高水位高出平均海平面约14米，洪水向内陆延伸5千米，造成400多人死亡。同样，2011年的亚西飓风和2017年的黛比飓风期间的风暴潮也造成了广泛破坏，大量海滨社区房屋被淹没。风暴潮引发的海水洪水范围可沿海岸线长达100千米，内陆低

---

① Brisbane City council. How to improve flood resilience for homeowners ［EB/OL］. ［2024-06-06］. https：//www.sustainablebrisbane.com.au/home-flood-resilience/.

洼地区则可遭受达数千米的洪水侵袭，且洪水可持续数十小时之久。

近年来，我国风暴潮灾害造成的损失逐年增加，每年达到约 100 亿元。以天津为例，滨海新区海岸线长约 153 千米，是中国沿海地势最低的地区之一，极易受到风暴潮和其他灾害的影响。例如，1992 年的 9216 号台风在北上过程中虽有所减弱，但仍引发了风暴潮，造成天津近 100 千米海堤被淹，40 处决口，给天津沿海地区带来了近 4 亿元的直接经济损失。近年来，天津沿海风暴潮的发生频率呈上升趋势，从 20 世纪 90 年代的 3~5 年一次增加到近期几乎每年发生。

2. 工程系统

大多数风暴潮的破坏是由直接暴露于来袭的海浪中造成的，通常发生在海岸线 100~500 米。风暴潮叠加海浪的共同作用会破坏或摧毁临海的社区建筑物、基础设施及道路系统。当水位上升到足以淹没基础设施和建筑时，就会造成重大破坏并威胁生命安全。水位迅速上升可能还伴随着危险的风力条件。在非热带地区的强烈低压系统也可能形成较小程度的风暴潮，在一些浅水地区也可能造成严重的雷暴。风暴潮也会侵蚀土壤和建筑地基。海水淹没更会导致建筑物和基础设施的腐蚀速度加快，从而产生更长期的社会和经济后果。护岸或海堤及植被在应对风暴潮方面的保护作用有限。

3. 社区规划

滨水岸线的绿色基础设施对于减少风暴潮对社区的侵袭发挥着重要作用。纽约市布鲁克林线性大桥公园位于曼哈顿大桥以北，公园沿海岸线全长约为 2 千米，除日常滨海景观绿地功能外，2002 年后随着纽约空间复兴计划（New York City Waterfront Revitalization Program）的实施，公园进行提升改造后还可应对风暴潮灾害。设计师们通过对公园地形、沿海驳岸、铺砖材料及植被选择进行改造，提升了可浸区的比例，同时将垂直驳岸改为抛石驳岸，以此来吸收并减缓风暴潮灾害带来的冲击力。

4. 建筑设计

社区的居住建筑需要结合居住的地面水位尽可能提高至估计的最大风暴潮水位之上。此外，其他策略还包括建造通廊，减少海水流动阻力；加固混凝土海堤，抵御波浪力，以及用成熟健康的沿海树种加固沙丘，防止风暴侵蚀，避免树木的碎片化分布。

| 案例研究 |

德国汉堡港口新城

汉堡港口新城是德国一个新的开发项目，位于主要防洪堤坝外。虽然汉堡距离北海 100 多千米，但其低地容易受到风暴潮和强降雨的影响。该社区被誉为"适应气候变化的典范"，特别是其在防洪设计上的创新。易北河是一条潮汐河，洪水很常见。由于地势低洼，港口新城的大部分地区位于洪水安全线以下，随着气候变化，预计未来的洪水威胁会变得更加严重。港口新城的设计必须能够抵御现在以及未来更高的洪水水平，避免建造昂贵且最终可能被淹没的新堤坝（图 4-8）。

图 4-8　汉堡港口新城风貌及滨河住区环境

港口新城没有在周围建造堤坝，而是制定了一系列创新策略来管理洪水风险。事实上，港口新城已经制定了自己的防洪策略。虽然所有建筑物和大部分道路都建在人工抬高的防洪基座上，海拔高程约 8 米，但堤防长廊仍保持在海拔 4 至 5.5 米的高程。所有开放的公共空间，无论是绿地还是长廊都在水边，紧密相连。在这些较低的地区，偶尔的洪水是可以被接受的。这种地形为社区提供了与城市中被堤坝包围的区域相同的保护水平。

建筑物的衡量标准之一是其多功能性。建筑物内的地下室为汽车提供防洪地下停车场。在高水位的情况下，停车场入口必须关闭其防洪闸门。这些是防水门，可以保护它们后面的区域免受洪水侵袭。公共设施（商店、小酒馆和画廊）位于大多数建筑物的底层，而公寓、办公室则位于建筑物的最高层（图4-9、图 4-10）。

另一项已确定的措施是建筑物的临时防洪措施。这些措施旨在防止洪水进入建筑物，它们需要在洪水到来之前被激活。为建筑物提供防洪保护，使建筑物在遭受洪水时能够发挥城市功能。有效减少洪水对建筑物的潜在损害，并加快恢复速度，从而有助于社区运营。

设计师在创造公共空间时，也考虑到了未来的洪水和海平面上升。汉堡的瓦斯科达伽马广场作为高架公共空间，位于该地区的中央岛屿码头的两个海滨边缘之间。这里由公寓、工作场所、当地零售店和餐馆组成。小地块策略，加上控制规模、通道和停车的城市设计指南，允许多样化的建筑形式。长廊统一了滨水区的边缘，包括公寓、阁楼和其他用途。这不仅丰富了社区生活，还在洪水期间发挥了防洪缓冲区的作用。

图 4-9　汉堡港口新城的公共广场作为
防洪缓冲区（来源：作者拍摄）

图 4-10　汉堡港口新城为防洪而加固
并抬升的建筑底层（来源：作者拍摄）

美国纽约羊头湾社区

羊头湾是纽约南部的一个大型社区，住宅以单户别墅和多户公寓为主，海湾沿岸拥有商业走廊、较多的工作和娱乐场所，形成了多样化的社区环境。然而，2012年飓风"桑迪"给该社区带来了严重破坏，潮水从海湾涌上来，向北延伸到大街上。贝尔特公园大道以南的独栋住宅和公寓楼受到的冲击尤其严重，洪水从雨水出口进入，巨浪高达3米，造成大面积损失。底层小型企业遭遇了高达1.83米的洪水，导致位于两条商业走廊上的当地多家企业被迫暂时或永久关闭。

在灾后重建中，羊头湾社区采用了升级建筑技术以提高抗洪能力。通过"韧性社区"倡议，纽约规划局一直在与羊头湾社区的利益相关者合作，向房主提供信息，说明可以采取的改造策略，使房屋能够更好地抵御洪水并从中恢复。制定分区规划法的调整方案以消除韧性建筑的监管障碍，同时确保新的开发和改造符合该地区的特点，不会给基础设施带来额外压力。编制的《洪水风险建筑改造指南》① 为社区建筑改造提供了具体的解决方案。对于符合《纽约市建筑规范》的半独立式住宅建筑或多层住宅建筑，调整后的分区规划法可以通过建造垂直附加物来改造位于洪水淹没线（DFE）上方的建筑空间，用于支持置换淹没于水下的建筑空间。活跃的商业底层导则，允许在防洪区内开发混合用途建筑并提供商业底层，打造更高质量的商业空间和更具活力的街景，在建筑底层增设通用防护保护装置。为确保广场公共空间具有可进入性、活跃性和抗洪水能力，该计划建议对所有分区的所有新公共广场引入设计和韧性要求。规定将要求广场符合全市公共广场的最新设计标准，并要求采取韧性措施，包括提供承

---

① 纽约市政府. Zoning for coastal flood resiliency [EB/OL]. (2021-05-12) [2024-06-06]. https：//www. nyc. gov/site/planning/plans/flood-resilience-zoning-text-update/flood-resilience-zoning-text-update. page.

受洪水泛滥区常见植物物种，以应对洪水和强风（图 4-11）。

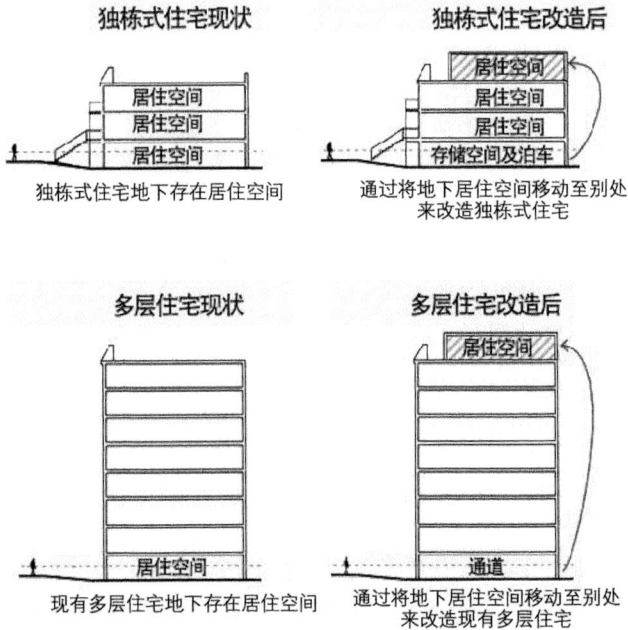

独栋式住宅现状

居住空间
居住空间
居住空间

独栋式住宅地下存在居住空间

独栋式住宅改造后

居住空间
居住空间
居住空间
存储空间及泊车

通过将地下居住空间移动至别处
来改造独栋式住宅

多层住宅现状

居住空间

现有多层住宅地下存在居住空间

多层住宅改造后

居住空间

通道

通过将地下居住空间移动至别处
来改造现有多层住宅

图 4-11　纽约市应对洪水的建筑功能适应性改造设计导则
资料来源：改绘自 Zoning for Coastal Flood Resiliency。

美国波士顿东部滨海地区

美国波士顿东部滨海地区通过将沿海韧性解决方案与滨水开放空间相结合，解决了多个优先事项。具体措施包括高架滨水公园、加强海港人行道、改善与滨水区的连接、天然湿地缓冲、增加树冠以应对更高的温度，以及设置硬景观座位楼梯和为社会提供具有防洪功能的家具等场地设施。此外，还预留了空间用于兼容的、有弹性的混合用途再开发，促进了经济活力和社区准备。综合解决方案可以提供多层保护，防止海平面上升和沿海洪水，同时配合更广泛的气候恢复措施，如雨水管理、城市热岛缓解、适应建筑物和基础设施，以及提高公共领域、社会公平、经济机会、滨水通道和自然资源。

随着时间的推移，应增进将绿色和灰色基础设施和新的开放空间结合起来的广泛措施，以应对每年1%的海平面上升超过0.92米（预计在2070年）的风险。这些措施包括在波士顿东部的绿道入口、皮尔斯公园二号和边境街，以及查尔斯顿的斯拉夫特中心预留战略区域。需要直接的公共部门投资，也需要由修改后的分区和市政港口计划等监管工具指导的私人投资行动。这些措施将共同提供防洪、滨水通道、娱乐和交通便利。即使在每年1%的海平面上升（2030年）的状况下，它们也将保护超过11100名居民、至少310家企业、排水和联合下水道系统、关键的公路和交通基础设施、急救设施、医疗设施和重建区域等。

波士顿的克利珀西码头住宅项目创造了大约0.32公顷的新潮间带形居住社区。由潮汐滩、海岸河岸、岩石潮间带海岸和盐沼组成，由现有的固体填充在西部码头的尽头。新的湿地有助于改善波士顿港的水质和栖息地。为了应对气候变化，项目采用了高架地平面和升高一层，结合防洪防护的建筑以及耐用的公共空间。该项目包括一个新的海港步道，高于海拔2米，以增加场地和建筑洪水弹性。在萨姆纳街建造的新雨水管道扩展了波士顿水和下水道委员会的工作，将区域雨水和卫生管道分开，进一步促进了波士顿港的清理工作。由于新的设计采用了很多韧性元素，随着公众对气候变化影响的认识日益增强，市场对建立韧性社区和减少温室气体排放等方面的举措反映良好，这也加速了新社区的住房销售及社区认同感（图4-12）。

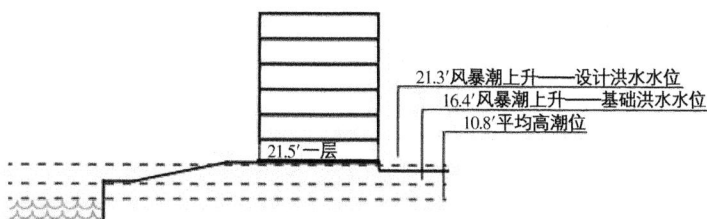

图4-12　波士顿的克利珀西码头社区剖面图

英国爱丁堡滨海地区

爱丁堡是一座历史悠久的世界文化遗产城市，但气候变化对其带来了挑战，许多历史建筑、遗址和设计的城市景观已经历并正在经历重大气候变化。降雨量预计将变得更具季节性，秋季和冬季的平均降雨量将会增加，带有极端降雨的冬季风暴可能会变得更频繁。海平面也将会上升。滨海岸线占比约为爱丁堡城市边界的34%，其中70%以上被归为人造岸线，由天然的软沉积物组成，容易受到侵蚀。部分地区的天然海滩和便利设施的价值有限。大量建筑物和基础设施建在了如果海洋防御设施遭破坏就会面临海岸侵蚀风险的地方。随着海平面的上升，爱丁堡海岸的侵蚀、洪水和风暴潮的风险将增加。

爱丁堡政府制定的《2014—2020年韧性爱丁堡气候变化适应框架》提出了爱丁堡增强气候变化韧性影响的战略方法，确定了优先行动计划并持续监测。通过加强科学支撑的数据分析，让更多社区利益相关者参与对当前和未来海岸变化的认识，探讨如何适应变化的海岸带及日益增加的各类风险。《2030年城市规划》[1]中添加了以下内容："城市规划中的土地开发保证了足够的空间，以提供多用途沿海走廊，有助于缓冲人员和资产免受极端洪水、海平面上升、风暴潮和侵蚀事件的影响。"气候变化适应行动的实施结合土地利用、土地复垦、防洪状况、潜在侵蚀风险和洪水风险的历史数据进行灾害可能性评估，进一步增加了沿海社区的缓冲区，为生物栖息地提供了空间，并允许自然型变化过程发生，从而帮助减缓相关侵蚀问题。除防洪或历史价值的需要外，该缓冲区的设立严格限制滨海区域的新增开发，并清退已规划项目。韧性导向的规划调整了爱丁堡滨海地区社区的土地利用与开发，创建了灾害应对场景，在继续履行规划的法定职责

---

① 爱丁堡市议会. City plan 2030［EB/OL］.（2022-11-30）［2024-06-06］. https：//www.edinburgh.gov.uk/local-development-plan-guidance-1/city-plan-2030.

的同时，提供了最大限度的未来灵活性；适应加速的海岸变化并保护沿海社区的生存空间（图4-13）。

图4-13 爱丁堡滨海地区的规划方案调整——增加邻岸公园

美国威尔明顿滨海地区

自1950年以来，威尔明顿城市海平面以每两年超过0.0254米的速度上升0.279米。科学家预测，由于气候变化，在未来16年内，海平面将再上升0.152米。海平面上升和洪水泛滥区域的延伸可能会严重影响开普菲尔河边缘河口和沼泽低洼地区。威尔明顿沿海属于低海拔（低于1.22米）地区，抵御沿海风暴脆弱性高，秋季洪水（尤其是风暴潮洪水）频发。气候变化带来对沿海地区的威胁，海平面上升以及潮汐和风暴潮的增加，都成为制定韧性设计策略的驱动因素。

该沿海地区有4170余块住宅宗地被确定为具有因海平面上升而遭受严重破坏的特性。规划拟使用低影响开发雨水处理技术（例如集水和生物截留）改造场地并将其转变为海绵类型，使风暴潮带来的洪水被吸收并缓慢排放。对未紧邻海岸带的已建社区和风暴潮预计影响区域进行重建、翻新和修复。对横断面引入有韧性的绿色基础设施，既能使该地区抵御涨潮，又能改造、修复和软化已开发的社区住宅，形成紧凑渐进的形态，整合生态基础设施优势。威尔明顿还开展了软绿海岸线保护工程：允许建造沙丘,并用原生草加固,帮助滨海社区保持抵御风暴潮和海平面上升的能力。建立开放的绿色公共空间网络,以在风暴事件期间充当生物保留区。现有的商业走廊较远且与海岸线平行,应与较小的可渗透城市网格相交,以充当建成环境的过滤器,吸收和消散大雨、山洪或暴风雨。

四、投资社区物质环境韧性的综合效益

社区物质环境提升依赖于对社区内基础设施、公共空间、绿化环境、交通设施等方面的改善和优化,显然也需要相当的经济投入,这是韧性社区建设的一部分。根据很多国家的韧性经验,进行物质环境改造提升虽然有一定的前期投入,但经济效益的获得应该从长时间周期来分析。物质环境提升不仅能够改善居民的实际生活环境,还能带来显著的多维综合效益。

(一)通过物质环境提升减少灾害修复损失和降低保费

2019 年世界银行的研究报告《生命线:韧性基础设施机遇》中指出,生命线基础设施工程投入的每 1 美元都会带来 4 美元的长远收益。尽管投资社区物质环境的韧性建设对很多城市的财政投入都会造成巨大压力,但事实上从长远来看,韧性投资在未来也能够带来经济回报,但这需要从多方面因素进行综合考虑并作出研判。从经济视角分析,投资建设物质环境韧性能够直接降低社区在面对自然灾害和其他扰动时的损失,有助于维护社区基础设施稳定运行,确保在灾害发生时,关键设施和服务能够更快地恢复正常运行,避免人员伤亡和经济损失,也可以有效保护社区本身的物质财产,降低灾后修复成本和相关保险费用。针对主要灾种进行预防,日本政府则提出面向预防保全基础设施,开展老化设施转换对策,通过对比"事后保护"的成本收益,发现利用"预防性保护"进行维护管理和更新时,政府每年的费用可减少约 5 成。

针对洪水的抗洪韧性改造，可以通过减少与洪水损失和保险费相关的预期成本来降低业主的长期成本。例如，澳大利亚《国家建筑规范》规定与风险水平相对应的强制性最低建筑标准，从功能、健康和安全方面考虑，以抵御火灾、风和地震引起的事件。《昆士兰州房屋抗洪建筑指南》①强调韧性设计、现有住宅的弹性建材和系统弹性设计解决方案的经济效益。在风暴潮风险地区已经建立的社区，韧性设计和建设可以通过减少洪水损失和保险费用来降低业主的长期成本。而新增的社区抗洪设计与建造投入，通过测算在经济成本上一般都是可行的，最高可达 0.5%（1/200）。平均效益成本比率为 1.7~27.3 不等，平均投资回收期为 1~14 年不等。计算成本收益可视建筑物类型、所采用处理方法及洪水概率而定。2011 年，澳大利亚格雷斯维尔市的社区遭遇洪水，淹没高度达 5 米，洪水过后，业主们认识到低位住宅将依旧面临日益频繁的洪水风险，纷纷通过翻修住宅以提高防洪能力，住宅地面比原来提高约 3 米，高于百年一遇概率下的洪水淹没水平。洪水弹性的改造设计包括应用混凝土砌块墙，抛光混凝土地板，可移动的橱柜和调整内部布局，便于住房遭遇洪水后清理。由于这种方法得到了保险公司的认可，住房保险费大幅降低。在纳入了洪水弹性设计策略的翻修之后，保费由每年 5253 美元减少到每年 3133 美元，节约超过了 40%。

（二）物质环境提升带来的经济环境社会综合效益

从时间维度看，长期且有效的物质环境韧性投资，有望促进社区的经济发展。第一，可以改善社区环境以增加房地产的吸引力，从而提升房地产的市场价值和租赁价格。更好的社区环境能吸引更多的商业投资，促进

---

① 昆士兰州重建局 . Flood resilient building guidance for queensland homes［EB/OL］.（2019-02）［2024-06-06］. https：//www. qra. qld. gov. au/sites/default/files/2024-06/Flood_ Resilient_ Building_ Guidance_ for_ Queensland_ Homes_ February_ 2019%29. pdf.

商业活动（如零售店、餐饮服务等），增加就业机会，推动地区经济发展。第二，可以增加税收收入。随着房产价值的提升和商业活动的增加，地方政府的税收收入也会相应增加，这有助于进一步改善公共服务和基础设施建设。第三，可以改善可持续交通系统。改善公共交通设施和鼓励非机动车道的建设以减少私家车使用，降低碳排放，促进环境的可持续发展。第四，可以改进垃圾处理与回收。改进垃圾分类和回收设施，减少垃圾量，提高回收率，减少环境污染。第五，可以增强社区凝聚力。优化的公共空间（如社区公园、体育设施等）可以成为居民交流的场所，增强社区成员之间的互动与联系。改善的居住环境和增加的绿色空间能显著提高居民的生活满意度和幸福感。第六，可以提升公共安全。改善街道照明和监控系统以减少犯罪，提高居民的安全感。另外，韧性建设应同时考虑主被动策略，减少对外部设施的依赖，增强社区独立运行能力。一方面，具备韧性的社区能够更好地抵御外部冲击，保持社会稳定性及经济活力的竞争力。另一方面，提升物质环境韧性不仅具有直接的经济效益，还能带来广泛的社会效益。一个具备更强韧性的社区，整体生活质量和社会稳定性会显著增强。综上所述，社会效益的呈现有助于构建更强的社区凝聚力和信任感，为社区长期发展奠定坚实的社会基础。

五、社区物质环境韧性的发展趋势

（一）社区物质环境韧性的能力特征

面对纷繁复杂多灾种的挑战，社区韧性基础设施的发展趋势已经从单一灾种的抵御向复合灾种的集成应对转变。为实现这一目标，需要在系统化设计、跨学科研究、智能化技术应用和社会参与等方面加大投入和改革力度。只有这样，基础设施才能在日益严峻的灾害背景下展现出更强的韧性。

1. 单一灾种的高标准抵御能力

过去，基础设施建设主要关注单一灾害的抵御能力，如防洪、抗旱、抗震等。然而，在现实世界中，灾害往往不是孤立的，而是多种灾害相互交织、叠加发生的。单一灾种的抵御能力无法应对复合灾害，导致基础设施在灾害面前显得脆弱。

2. 复合灾种的综合集成应对

为提高基础设施的韧性，各国开始重视复合灾种的集成应对。如滨海地区综合防灾体系，包含了应对洪水、台风、风暴潮等多灾种关联耦合场景。这包括了对多种灾害风险的识别、评估和预警，以及采取综合措施降低灾害风险。如在防洪的同时，加强排水设施建设，提高抗旱能力；在抗震的同时，加强地质灾害防治，提高生态环境恢复能力等。

3. 决策模拟与实施的可持续性

在未来气候变化情景下，社区基础设施韧性改造的经济性评估也变得越发重要。尤其在面对资源条件约束、扰动因素复杂的情境下，应充分利用各类工具模型，如使用函数模型进行成本和收益评估，以平衡工程技术和经济造价及社会收益等多类目标，在跨灾种灾害应对决策时可以找到不同目标之间的最优权衡策略，尽量使决策结果更加符合韧性规划的现实需求。

（二）社区物质环境韧性的实现方式

1. 系统化设计

在应对复合灾种的过程中，基础设施需要实现系统化设计。这包括整体规划、多灾害风险评估、灾害应对策略以及后期恢复和重建。系统化设计有助于提高基础设施在灾害发生时的协同应对能力，降低灾害损失。

2. 跨学科研究

为实现复合灾种的集成应对，韧性设施研究需要跨学科整合。这包括自然灾害学、地质学、土木工程、生态学、社会学等多个领域的知识体系。跨学科研究有助于全面认识灾害风险，为基础设施设计提供科学依据。

3. 智能化技术应用

智能化技术在韧性设施建设中发挥着越来越重要的作用。例如，利用大数据分析进行灾害风险评估，利用物联网技术实现实时监测和预警，利用人工智能进行灾害应对决策等，这些技术将有助于提高基础设施的自主应对能力和响应速度。

本章小结

随着全球灾害与气候变化加剧和人类活动的扰动影响，自然灾害与风险事件的频繁发生给社区物质环境带来了严重冲击和影响，以沿海社区为例，更是经常遭受洪水、风暴潮、台风等多种灾害影响，也面临海平面上升的潜在威胁。韧性社区应是能够承受危机并从中迅速恢复的社区，其物质环境包含基础设施、公共空间、交通、建筑及数字信息关联多个层级，形成抵御灾害与风险的有效承载系统。韧性社区的物质环境发展逐渐从抵御特定灾种向复合灾种的集成方向发展。本章重点探讨了这一发展趋势背后的原因、表现形式以及提高基础设施韧性的具体举措，以期能够系统还原复杂庞大的空间性问题，提升对社区物质环境韧性的全方位理解。

第五章

社区服务韧性

本章聚焦社区服务的公共设施规划和配置，以及有关服务韧性提升策略和机制。社区是城市的基本构成单元，也是市民生活活动的基本单元。一方面，社区公共服务资源通过生活圈设施供给进行配置，另一方面，社区需求通过人群的各种服务诉求进行反馈，并作用于政府和市场，两者联动形成真实的社区服务供需耦合。在我国社区规划体系中，生活圈和完整社区的建设标准对社区公共服务设施配置和社区治理提出了严格要求。首先，在当下以人为本的发展理念下，无论是设施建设、空间改造还是韧性提升，都需要充分考虑人群的实际需求，以实现精准化、精细化规划和治理目标。因此，社区服务韧性建设与发展必须围绕供给与需求之间的匹配性。其次，社区内各个系统面临的风险并非确定的，设施、功能、人口及可能遭遇的灾害风险都具有一定的动态特征，未来社区服务要面对的是如何更好地应对因需求变化引起的服务变化、风险变化，从而引起的供给变化等新现象及长期发展建设的问题；关注社区需求的供需适配与动态调节也是韧性社区建设需要解决的长期课题。

一、社区服务与社区生活圈

（一）15 分钟生活圈与完整社区建设

生活圈的概念源于日本，引入我国后受到广泛关注。现行的城市居住区规划设计标准中也采用了生活圈结构替代原有的三级居住区规划模式。当前，生活圈建设已广泛应用于社区规划和更新工作中，它强调具有时空特征的分级分类设施布置以及步行尺度的空间服务范围，来保障居民日常生活需求。柴彦威等基于居民时空行为和日常活动，提出 4 种城市生活圈模式和 3 种社区生活圈类型。随着理念向实践深入，15 分钟生活圈概念逐步向多维化和智慧化方向拓展并得以完善。例如，牛强等结合线上虚拟服务特征，提出了线上线下相结合生活圈服务设施配套供给的新方法；刘泉等从智慧技术角度，提出了生活圈空间尺度的扩张与中心的价值多元化，重构了生活圈空间范围和功能构成。同时，生活圈是社区级规划落实以人为本理念的重要方式。研究和实践始终围绕居民群体的实际需求，建设居民友好型社区，精准提供社区服务设施。2021 年，自然资源部出台《社区生活圈规划技术指南》①，将社区生活圈设施划分为基础保障型、品质提升型和特色引导型三类，指南中指出三类社区生活圈设施服务要素配置内容要契合社区需求，重点在于提高生活圈设施配置与居民需求的关联度。

与此同时，住房城乡建设部推动开展了"完整社区"建设，围绕"设施、服务、治理"三方面展开，旨在提高居民生活质量。完整社区理念最早由我国著名学者吴良镛先生提出，他认为完整社区规划与建设的重点在于保障基层居民的切身利益。完整社区强调在步行范围内，居民生活服务设施和公共活动空间可以满足城乡居民全生命周期工作与生活的各类需求，对该范围内的社区建设提出精细化规划设计和治理要求，是保障居民切身利益的体现。完整社区是社区治理向前发展的一步，与城市可持续发展、城市韧性建设目标不谋而合，通过建立社区自治共同体，提升社区抵抗风险的能力，进而提高社区韧性。当前，完整社区已在广州、厦门、北京等地有出色的实践项目，如厦门先锋营社区在改造初期，先建立小区党支部率先宣传改造政策，清理居民屋前杂物，后号召居民代表成立居民自治小组，协商小区自治管理公约，通过多种形式和渠道了解居民实际意愿后，开始对社区进行更新改造，带动居民参与共建，这不仅使社区公共空

---

① 自然资源标准化信息服务平台. 社区生活圈规划技术指南 TD/T 1062-2021 [EB/OL]. (2024-04-05) [2024-06-06]. http://www.nrsis.org.cn/portal/stdDetail/ 240432.

间焕然一新，环境得到有效整治，还提升了自治水平，加强了社区自组织能力。总体上来看，完整社区建设是从居民视角出发，首先满足居民对环境、设施等物质空间的基本硬性条件的要求，其次从软性治理层面提高社区自组织力，最后达到基础设施完整、治理体系完善、社会服务体系完备的目标。

（二）生活圈的配置模式及分异

空间异质性是我国特大城市的基本特征，且与社区生活圈配置密切相关。目前很多社区服务配置较为单一，无法适应多样复杂人群特征和需求，因此多数研究深入探讨社区差异化发展特征及发展策略。黄慧明等学者提出了探索社区生活圈差异化规划方法的重要性，并基于广州市居住形态类型提炼出锚点依托式、社区邻里中心集聚式、街区式以及边界围合式4种社区生活圈空间分布模式。王承慧等重新定义了社区中心，识别了簇群、线型、斑块、散点4种空间类型，提出了簇群和线型社区中心服务效益较高的观点。牛强等基于武汉市的实证研究，通过问卷调查方法应用Kano模型对5类典型生活圈进行主观需求测度，从而识别资源配置重点和差异化应对策略。张夏坤等基于公共服务设施可达性与人口密度匹配性高低值的计算识别出天津市社区4类典型空间。特大城市显著的异质性导致了社区的空间资源获取差异，如老龄化社区居民较高的医疗保健及养老照料需求。因此，社区服务应考虑社区间的差异性，避免"一刀切"式的服务资源配置。

社区生活圈的配置方式取决于居住社群特征、公共服务基础水平等方面的基础分析（表5-1）。可以看出，差异化的社区结构、多样化的服务设施已形成了多类型的生活圈配置模式。生活圈配置优化的路径需要探索基于社区特征与矛盾识别、目标计划导向匹配、创新实施更新行动的机制模式，高效地整合空间资源要素，建设城市存量空间更新治理的新路径。以往的城市设施布局和规划配置，往往注重公平性和均好性，容易忽视异质化需求，造成服务资源的短缺或浪费。生活圈的建设具有一定的阶段性特点，按统一指标的标准化配置并不一定能适应高度差异化的城市社区空间。

表 5-1　生活圈设施供需相关研究进展整理

数据来源	分析方法	影响因素	差异特征	来源
街道行政区划数据；街道分年龄段人口普查数据；居民点位置户数信息数据；养老设施数据；出行数据	供需型两步移动搜索法	老年人口空间分布；城市交通微循环系统；设施环境及服务质量	城市生活圈圈层；养老设施位置容量	韩非等
高德 POI 数据；出行距离数据；服务需求数据	实证调查与空间供给水平评估交叉关联	出行距离；各类设施分布；家庭结构；职业	人口密度、居住形态，城市生活圈圈层	周岱霖等
幼儿园数据；人口数据；问卷数据	核密度分析法；点密度分析法；网络服务区分析法	可提供学位总量；空间分布；服务范围；幼儿园数量与分布	幼儿园需求总量与空间分布；幼儿园供给容量	王丽丹等
保障房住区调研问卷数据；商品房住区调研问卷数据	GIS 城市级空间分析；典型案例配对比较法	交通、住房、生活成本；通勤时间；可达性；覆盖率	公共服务设施覆盖率；设施可达性；设施综合服务绩效	陈秋晓等
卫生设施 POI 数据；人口普查数据；路网数据	GIS 密度分析法	设施上限服务人口密度；常住人口密度	总人口及老年人分布特征；医疗设施分布特征；设施可达性	赵立志等
调研问卷数据；使用行为特征；使用频率；使用满意度；人口数据	问卷调查法	制度因素、规划因素、社区因素	商业设施、医疗设施、教育设施分布；低层次需求偏好	赵静等

（三）设施供需关系的长期矛盾和不均衡性

当前，很多社区设施配置问题主要体现在各服务设施、场所空间往往孤立分散利用，集成度较低，与社区居民基本需求不匹配。黄伟等人运用耦合协调模型，分析社区级公共服务设施供给和需求耦合协调度，得出湖南省长沙市约60%的公服设施供需处于失衡状态。供需关系失衡主要体现在设施效率低下，引起物质资源和管理资源浪费及居民需求得不到满足、资源配置不公平等问题，对社区未来的可持续发展有不利影响。

未来社区需要考虑长期的供需矛盾，结合自身特征进行资源调配，以更好满足社区需求，这对于社区生活圈内居民的生活保障和社区正常运转至关重要。因此，部分研究围绕社区公共服务设施供给全过程、需求导向的设施资源配置策略以及设施导向供需空间匹配分析等方向，为解决社区资源供需矛盾提出建议。向守乾等从供给主体、供给实施和供给决策三方面分析当前设施供给存在的问题，为"配置标准—规划编制—规划审批—建设实施—运营服务"① 全生命周期公共服务设施供给体系提出优化策略。冯君明等人利用多元数据构建设施服务能力指标体系，以北京市回龙观—天通苑地区为研究对象，分析不同类别设施与需求之间空间匹配度，针对性地提出了设施资源配置策略。然而，由于需求会随着社区人口结构变动而变化，识别供需矛盾成为社区设施资源配置难点。因此，部分学者着眼于如何建立全面的公共服务设施配置评价体系，作为识别供需矛盾的技术方法，如通过分析服务设施的空间可达性、服务质量、居民满意度等方面内容，建立社区设施评价体系，以发现社区的短板。

（四）社区体检识别服务韧性短板

社区体检是城市体检工作框架下的重要组成部分，相较于城市宏观要

---

① 向守乾，许金华，杨磊．全生命周期公共服务设施供给体系优化研究［J］．规划师，2022，38（9）：71-78.

素的监测、分析与评价，社区体检则聚焦于对基层数据的细致掌握，对社区发展状况、社区规划落实情况的评估，建立框架精细、体系全面的社区评估体系，以掌握基层运行规律。如杨静等认为社区体检是一项精细化、精准化提升城市品质价值的工作，是反映基层短板问题的有效途径。开展城市社区体检，一定程度是对现状的梳理和归纳，以更好地发现社区发展困境，进行设施补短板等行动，补足社区缺陷，提出更精准的改造策略，因而成为社区更新中的重要环节。

有关的社区体检综合评估多从社区满意度、社区韧性、社区文化、社区人口、社区生活服务、社区公共空间、社区活力及社区生产等方面提出评估指标体系。而社区服务设施层面的体检评估，多运用主客观评价相结合的方式分析设施的实际服务状况和效果。如王晓云等以设施服务范围为客观分析指标，以居民满意度评分为主观分析指标，利用相关性和耦合协调分析的方法，用来识别昆明市设施发展低质、低协调、低水平的社区。

目前，社区体检实践有以下几点共性特征：一是实施主体多依托于责任规划师及其团队，责任规划师是推动基层共治、鼓励公众参与、助推城市更新的主力；我国城市社区数量多且种类繁杂，与责任规划师相衔接，能提高社区体检工作效率，协同社区居民和政府力量，得到更专业的发展指导；如北京市海淀区搭建"1+1+N"责任规划师工作体系，即1名责任规划师，1名高校合伙人以及多个跨领域专业团队。二是体检评估需要大量坚实的数据支撑，社区系统虽然以居住功能为主，但也由复杂的环境设施体系等构成，需要收集建立完备的基础台账数据作为"硬件"支撑。居民需求更是主导社区空间改造的风向标，还需要调查细致的人口结构、社区属性、居民意愿等有关人口的数据，为体检评估到社区改造提供"软件"支撑。如北京市二一八社区开展的体检，由北京城市象限责任规划师团队带领，搭建了一套城市体检智能平台，汇总现状各类数据，并直接生成社区体检成果表格，实现社区问题快速诊断，同时可以进行长期反馈，提高社区治理水平。

二、社区服务、社会性与未来适配

社区服务与社会的联系可以体现在 3 个层面：一是宏观视角下，城市范围组织对社区的支撑；二是微观视角下，内部应对风险场景的动态适应性和抗风险能力；三是时间维度下，社区应对未来发展的功能需求和潜在增长。

（一）社会性及社区服务共享

从社区的概念来看，社区空间与其拥有的社会性不可分割，加强空间社会服务属性，有助于加强居民与社区的连接，进而提升社区服务居民的本质属性。在日常活动中，可以通过公共文化娱乐场所、体育运动场地等来丰富居民的生活体验和社交互动。相关社会部门提供支撑的社区福利保障功能为居民提供经济、政治、教育等日常服务。同时，社区的社会属性体现在社区活动对居民群体的社会化影响、社区建设群体对社区发展的控制作用以及社区群体之间的互助。社区社会功能还可以体现在社区组织机构的设置上，如志愿者协会、社区服务中心等，这些组织能够帮助居民解决日常生活中的问题并提高社区凝聚力。

社区社会功能还包括了社区资源共享机制的设计，可以让社区成员更好地分享信息资源，增强可持续发展能力。提高社区社会功能的组织和协调力、抗风险和灾害应急能力，社会功能的提升是促进社区韧性的重要手段之一。研究证据表明当前很多设施尤其是教育、商业设施相对充裕，但文体卫等空间分布不均。现有公共设施往往是根据各地设施管理方（如学校、医院等）的特定规定，规划单一土地用途而建设的。这些设施的增加和重建也需要通过详细规划与各设施管理单位的密切协调。例如，在深圳的规划实践中，对地区设施管理的详细规划一般根据城市总体规划的指导方针，将公共设施分布在含居住社区的街区地块中。还有一些具体的规划侧重于某些类型设施，例如健康和教育设施，可在社区内建立专属网络。虽然大型社区更有能力容纳更多设施，但在某些现有社区中，体育设施、社会福利设施和公共空间仍然严重短缺。通过资源优化配置和共享路径，各社区可以充分利用现有资源，实现优势互补，提高资源利用效率。推动社区开放公共资源，如图书馆、体育设施等，实现资源共享。跨社区共享路径能够有效拉近不同社区之间的距离，为居民提供更多交流与合作的机会。应探索多元化融资渠道，为共享路径建设提供资金保障。通过以上策略与措施，打破社区之间的隔阂，实现资源共享、优势互补。

（二）关键服务设施及应急保障

在我国正在广泛开展的城市更新行动进程中，老旧小区的改造及设施补短板行动是关键环节。面临的主要问题是设施老旧、服务能力减弱、覆盖范围不足等。而设施的增量提质是其主要工作。因此，在更新改造前，往往对社区设施现状进行整体性梳理，包括设施数量、覆盖范围及重要设施服务质量的评估。经过筛查和梳理设施现状，进一步开展社区设施针对性改造提升。黄慧明等人认为，当前新时代老旧小区设施改造内容可分为"基础类—改善类—提升类"，旨在基于居民及小区的基本特征进行设施分类提升、分级改造，以满足居民安全需要和基本生活需求。同时，设施建设并非一时短期临时改造，而是需要长期投入和运营维护，使其可以提供持续的服务能力。胡畔等从全周期、全域空间治理和多情景风险治理 3 个方面，分析了南京市社区设施服务供给能力，提出了基于时间弹性的服务管理策略，该策略根据居住区的不同发展阶段的服务群体变化，提供可调控的设施配建，开展定期的设施维护更新，保证现有设施具备可持续服务的能力。

在危险事件发生期间及之后，城市社区周边需提供关键庇护功能，以稳定社区并为其恢复做好准备。这些设施目标应在危险事件发生期间和之后立即保持安全和运行。社区组织和规划师团队应确定区域社会功能与建筑物和基础设施系统之间的联系，保证这些系统在日常运营和恢复过程中可以支持社区的运行。以英国社区社会应急服务设施安排及其具体内容为例（表5-2、表5-3），城市应急设施资源与提供的社会服务将关键设施及其建筑群的功能类别与社会功能和服务对应联系起来。规划专项紧急住房为流离失所的居民和来自该地区以外的紧急救援人员提供避难所。紧急住房需要遵循快速响应原则，大多数住房庇护中心可在24小时内接纳居民。紧急住房可能包括临时设施以及足够安全的房屋用以就地避难。避难所将持续开放，直到居民可以在事件发生后的数天至数周内返回家园或转移到临时住房。

表5-2 英国社区社会应急服务设施安排

服务设施	设施建设内容
危重医疗	急性护理
急症护理医院	分诊、紧急护理
紧急行动中心	运输协调
	应急服务与调度
	紧急行动
	协调响应（例如，公用事业、公共安全机构等）
关键设施	运输、道路通道、杂物清除
	通信
	内部 IT 系统
	消防、紧急服务
	警察、公共安全
	建筑安全评估
	响应服务文档和记录
	垃圾、杂物填埋场
特殊地点如疗养院等	住所、食物、护理、安全
	成人护理、监护护理

表 5-3　英国社区社会应急服务设施安排具体内容

服务设施	设施内容	设施目标
危重医疗	急性护理	临终关怀
紧急行动中心	紧急行动	—
关键政府	军事设施	—
关键城市服务	灾害碎片和回收	警察
	消防和特快专递	—
关键商业	供应链分销	食品分发
专业护理设施	熟练的护理和康复	—
紧急医疗	保健	药房
	紧急护理	—
公共信息中心	新闻和广播电台	电视、报纸、杂志出版
紧急避难所	动物收容所	酒店、汽车旅馆作为避难所
	辅助生活设施	低成本住房
	看守所	多户住宅就地避难
	信仰和社区组织	单户住宅就地避难
	急救设施	过渡性住房
紧急零售	银行业	加油站
社区服务	社区中心和图书馆	法院
	社会服务	废物管理
零售	杂货店、商场、餐馆、家居用品，包括家庭维修	日托中心、健身中心
医疗	透析	药房
	医疗	康复
非政府组织	宗教和文化	社会服务
住宅	K-12	学前班
学校	竞技场、活动中心	码头
商业	坟场	博物馆
	会议中心	报纸/杂志出版

服务设施	设施内容	设施目标
商业	危险材料设施	办公园区
	五金和家装中心	专业服务
	款待	入仓
	实验室	所有其他零售
	农业	采矿
工业	钓鱼	炼油厂
	林业	—
	建设	加工设施

（三）关注多元需求及增长潜力

未来社区必须密切关注对设施的潜在增长需求。在基本服务得到满足的情况下，人们倾向于从事更高端、多样化、个性化的文化、娱乐、休闲、体育和健身活动。而随着人们生活条件和健康水平的逐步提升，许多社区周边的医院和保健中心可能不再足够。目前，固定设施也可能需要逐步增长并拓展内容；相关文化和体育设施也应探索多样化的模式和类别。服务细分和专门化是社区生活圈质量提升的重点，为应对居民的多元需求，发展不同层级和类型的设施可以增强居民运动选择的多样性。应逐步构建专项设施的空间评价体系，进而满足社区的多元需求。以天津市和平区体育设施为例，体育设施涵盖了大型体育场馆、综合类运动场、室内健身中心以及健身公园广场等不同类别。但由于不同设施存在多种使用场景，大型体育场馆常是居民在特定赛事时间共同选择的场所，综合类体育场是居民选择特定运动项目的场所，室内健身中心则吸引特定人群自费进行锻炼，以上设施场所都需要一定的费用支出。相比之下，公园广场作为广泛且能满足基本运动需求的设施，受到居民的高度关注。现有的设施可基本满足中青年人的休闲娱乐需求，但考虑到和平区老年人群较多，且平日户外锻炼时间多，日常公益免费空间使用频率最高。而公园广场设施的紧缺，不能满足户外基础的运动需求，因此，在未来的提升计划中，应重点针对普遍匮乏地区增强供给，通过微更新和整合街头绿地等资源建设户外健身公园和广场，以满足居民多样化的运动需求。这样的举措不仅能够提升社区的整体生活质量，还能促进居民的身心健康，增强社区的凝聚力和活力（图5-1）。

图5-1　天津市和平区体育设施分布图

三、迈向更具韧性的多元社会福利体系

（一）社区社群多元结构与福利服务拓展

在美国，针对儿童群体的居住配套设施涵盖了儿童福利与保护服务、健康和心理健康，以及少年司法和康复等多种机构。从运营角度来看，这些措施包括政府运营设施，联邦政府资助为年轻人服务的私有化设施，以

及仅服务于由父母或其他私有实体安置和资助年轻人的其他私有设施，并委托专业机构开展设施经营许可和监督。

日本社区服务设施体系主要面向残疾人、老年人和幼儿群体，除此之外，也为无家可归和需要生育援助的人提供福利服务。日本自 2010 年人口达到顶峰后，老龄化社会状况越来越严峻，设施体系以集约利用和归并低质存量设施、废弃低效用地等为主要导向。服务体系支持主体充分调动民营企业、社会服务法人、非营利组织和民间志愿者多种市场和社会力量。在设施体系中，以"地域型保育事业和嵌入式养老"事业为主，采用多级别多类型的方式规划服务设施。针对人口密集且流动性强的城市，日本政府考虑到群体空间分异显著特征，规划更小的空间单元划分，来提高公共服务设施的可达性。例如，仙台托育设施建设就是基于社区需求决定区域内设施种类和数量，同时考虑到居民使用育儿设施多在工作及社区范围内，政府以特定年龄（3 岁以下）群体为对象，建设地域保育机构、小规模保育机构团体等，并为幼儿园提供整备和改造费用。

日本较有特色的社区嵌入式养老模式是一种扎根于所在地区的空间的运营模式，旨在支持老年人在已住惯的社区内继续养老，并为其提供多元化的服务。养老设施服务体系主要包括上门服务、日间照料和长期入住型养老院三大类，并细分为上门介护、日间照料介护、小规模多功能居家介护、社区嵌入式入住者生活介护、社区嵌入式特别养护设施、夜间上门介护、认知障碍日间照护、认知障碍共同生活介护及复合型服务 9 类设施。此外，在日常生活的每个区域，还设有大量的老年人护理院、短期护理院、老年痴呆症老人院、小型多功能家庭护理基地和护理预防基地等。

新加坡的服务设施体系体现了包容性，旨在满足所有年龄段人群的社区需求。作为新加坡社会的关键基石，老年人应该被允许优雅地原地安老，保持独立、健康，并与社区中的亲人亲近。例如，老年人很快将能够申请住在一个提供辅助生活服务的试点公共住房项目中。整合便利设施以满足居民的日常需求，为了最大限度地提高便利性，并尽量减少出行，多个设施可以放在同一地点，以更好地满足居民的需求，并促进不同人群之间的社交互动。这些设施也将采用包容性设计，所有用户均可使用。例如，新加坡淡滨尼中心一站式设施枢纽就允许居民在同一区域内游泳、购物和用餐。

不同于中国式传统养老院，新加坡的"乐龄公寓"是其建设发展局专门为老年人打造的居住中心，自1998年起推行居家养老模式。乐龄公寓多为10层以上的高层建筑，其户型简单，居住面积以满足一两位老人需求为基准，提供35平方米和45平方米两种房型。公寓的独特之处在于内部设施的完善：建筑首层架空，设有休息场所和便利设施区，减少老年人出行，保障居民安全；二层则提供诊疗中心、休闲活动中心以及心理疏导室等多样化的养老服务设施，丰富老年人的日常生活，增加乐龄公寓的吸引力。

乐龄公寓选址位于配套设施完善的社区中，除了建筑内部的配套设施，社区内的设施能够为老年人提供额外的社会服务，使老年群体住有所乐。同时，公寓内外均为适老化设施，例如，房间内提供更明显的设施开关、常亮的灯光设施以及防摔扶手等；与室外相连接的则是更宽敞的建筑出入口、便于轮椅出入的电梯间、随处可见的扶梯以及定期提供的有目的的活动，有保障的设施建设鼓励区域老年人积极面对老龄化。此外，公寓除了在设施上进行适老化改造，还着重考虑对老年人的心理关怀。为老年人定期举办社交活动，如卡拉OK、艺术及手工艺等课程，以鼓励老年人积极参加社交活动，保持身心健康。

建设宜居和包容的社区是新加坡2019年总体规划的主题之一，其中提出要配备适合所有年龄段人口的社区设施。规划指出要积极面对未来不断变化的需求，随着社区未知的人口变化，设施也应进行周期性转换，以满足社区居民不断变化的需求①。具体方式提出要充分利用现有数据进行分析,预测社区未来人口结构变化,以家庭为单位考虑儿童保育和老年护理的需求。同时,评估现有设施的转换能力,基于现有设施服务能力进行针对性的设施建设。

(二) 社区特殊人群照料与服务设施配置

香港社区养老设施服务主要针对 60 岁以上的老年人,在长者活动中心(Senior Activity Centre,SAC)使用。这些老年人需要日常生活活动的帮助,且很少或没有家庭支持。长者活动中心通常位于组屋的空置层上,社区中的长者可以通过各种计划和活动与其他长者社交并寻求社会支持的公共空间。SAC 位于这些住宅区,交通便利,为老年人提供了一个温馨而熟悉的环境。在 SAC 服务的对象大多是低收入、接受公共援助、独居且无照顾者、面临社会孤立风险以及因健康和心理社会问题而身体脆弱的老年人。虽然 SAC 主要关注社区中有需要和弱势的老年人,但也同样欢迎所有老年人光临。同时,开放给所有 60 岁或以上公众人士的长者地区中心及长者邻舍中心、为 6 岁至 24 岁的儿童及青少年而设的青少年福利服务,以及为长期病患者提供的社区复康网络中心服务均没有设定服务名额。而长者日间护理中心/单位、综合家居照顾服务、改善家居及社区照顾服务及资助安老院舍等服务则设有服务名额。

在福利设施方面,香港特区政府会通过咨询服务营办机构及持有者,定期评估服务需要,并会与相关政府部门在各区预留/物色合适的用地或处所(如公共屋邨、政府物业、停用的校舍等)设置福利设施,务求为各区有需要的服务使用者提供适切的福利设施。政府各相关政策局及部门会

① Singapore Government Agency/Urban Redevelopment Authority. Range of amenities for all ages [EB/OL]. [2024-06-06]. https://www.ura.gov.sg/Corporate/Planning/Master-Plan/Master-Plan-2019/Themes/Liveable-and-Inclusive-Communities/Range-of-Amenities-for-All-Ages.

因相关服务政策及发展需要，适时制定及检讨规划标准。按照既定程序，当政策局及部门认为有需要根据其政策更新或制定相关规划标准时，有关建议会提交由规划署统筹的规划标准小组委员会审议。规划标准列明了福利设施的规划标准以人口数字为基础，但需根据多项因素作考量，包括有关设施使用者的人口、人口特征、地理因素、现有设施供求情况，以及可供使用的合适用地或处所等。政府在规划福利设施的时候会作灵活的处理，以配合各区有需要人士的需求。因此，需要对人口进行详细调查形成台账，提出与本地人口状态适配的设施供给。

《香港规划标准与准则》① 规定，在规划长者地区中心、长者日间护理中心等社会福利设施时，应综合考虑长者人口、人口特征、地理因素及当前的服务供求情况来做出决定，而并非要求当局仅依据客观的准则（如使用有关设施的估计人数）进行刚性的规划。根据香港的议会分区统计数据，包括综合社会保障援助计划受助人数、长者（65岁及以上）人口、青少年（10岁至20岁）人口、少数族裔人口等信息，规划当局会为长者、青少年、少数族裔人士、长期病患者等各类居民提供相应的社会福利服务开支、服务名额及设施面积。在此基础上，会制定一套基于人口特征定制的客观准则，用于评估各区对社会福利设施需求。若会制订此准则，提供详情；若不会，当局将确保每区有足够的社会福利设施及服务名额，使有需要人士无须跨区便可享用有关设施或获得服务。值得注意的是，若规划标准准则单纯以人口作为各区休憩用地及康乐设施的规划标准而不考虑各区或有不同的人口特征，则往往导致设施出现供求错配，这方面值得我国其他地区学习借鉴。

---

① 香港特别行政区政府/规划署. 香港规划标准与准则［EB/OL］.（2024-01-19）［2024-06-06］. https：//www.pland.gov.hk/pland_sc/tech_doc/hkpsg/index.html.

（三） 未来社区服务体系构建

当然，在具体实践环节，仍然存在脱节或者依据不足的问题。一是服务资源浪费。当前，传统社会观念在一定程度上限制了老年人或家庭购买居家社区养老服务，使得社区日间照料中心床位利用率不足，养老服务供给面临发展受限的困境，导致现有建设的空间资源浪费。二是缺乏应对需求的公共空间。多数老年人聚集在城市中心区，而老旧社区存在用地资源紧张、环境及服务设施匮乏的问题，尽管老旧社区改造可以提高空间利用率，但资源挤压难以满足不同年龄段居民的需求，如何协调资源利用，在适老化的同时，满足儿童使用空间的需求，以及青年人运动、停车等需求，成为社区健康服务的难题。我国当前面临老龄化和少子化两大民生困境，社会服务则面临供给不足、社区服务设施覆盖比例低等问题；同时，发展环境不成熟，缺乏专业人才和对社区服务设施的信任。

社区服务体系的发展重点面向老年人及儿童，针对老年人的服务设施包括养老院、老年公寓、护老院、护养院、敬老院、托老所或老年人服务中心等，社区级养老设施一般为托老所或照料中心等小型设施。针对0~6岁儿童的服务设施包括托儿所、幼儿园等。除了服务设施，社区多提供适老化和适儿化的公共活动空间。多元设施及空间共同构成社区服务体系，未来社区服务体系会向多层级多尺度多类型发展。例如，在健康社区导向下，整合养疗设施、休闲健身设施，形成小区内部—公共空间—集中设施的生活圈递进模式，使得居民日常健身养疗过程更具有系统性。同时，较新的规划理念加入康养一体化等，综合康复设备一般又配置了健身、康复器械和健身场所。随着居民对社区生活标准的要求提升，关注基本生活保障正逐年向精神层面的需求提升。然而，现有社区公共服务水平与这一转变趋势尚有一定脱节，尤其在康体健身、文化交往、全年龄段教育方面显得应对不足。

为逐步解决这些民生问题，缓解年轻人养老和生育压力，中华人民共和国国民经济和社会发展十四个五年规划纲要中的积极应对人口老龄化工程和托育建设实施方案明确提出提升养老、托育服务水平，让养老托育更加普惠便捷。未来社区服务福利拓展方向将聚焦于居家养老新模式，提供家庭养老照护设施、建设社区食堂、联合政企建立社区服务站等，为老人托管、幼儿托管提供设施空间，做到弹性建设及多元利用。

　　未来养老服务体系应基于社区老年实际需求，推进医养康养相结合的服务模式。根据社区老年人不同身体状况分类提供服务，例如，孙鹃娟等学者针对不同生命历程阶段老年人的养老模式分为居家养老、社区养老和机构养老三种。不同养老模式对应社区不同养老服务设施布置，同时，注重服务质量评估，形成"设施供给—服务供给—需求反馈—质量提升"的完整环节。而未来育儿体系同样需要基于社区幼儿不同年龄段的需求，提供多层级多模式的幼托设施。当前，社区级幼托设施尚处于起步完善阶段，存在设施不足、幼托管理能力有限等问题。政府通过加强对家庭、社区、婴幼儿照护服务机构三方的支持，来鼓励托育服务发展。通过发展多种形式的托育服务机构，包括鼓励幼儿园发展托幼一体化服务，鼓励企业及社会组织提供普惠托育服务，建设多元化、多样化、覆盖城乡的婴幼儿照护服务体系。

　　此外，未来社区服务体系还应关注特殊群体的需求。从特殊人群的服务视角出发，需要增强生活圈内特殊类型的福利设施，构建以生活照料、医疗照护、精神慰藉、紧急救助等多方面服务为核心的福利生活圈。我国当前社区有关特殊人群的照料，主要面向老年人、儿童、特殊人群以及灾害受困群体等。社区福利体系涵盖老年人社区福利、残疾人社区福利、未成年人社区福利、贫困群体社区福利以及面向全体社区居民的普遍性社区福利。社区福利空间载体多表现在社区医疗设施建设中，与社区管理和治理相联系，社区免费体检活动定期开办，有助于社区适老化发展。可以通过加强公共服务设施的健康管理体系，优化公共与私密区域，增强应对传染病的隔离空间规划，来提高社区福利服务能力。

四、应对不确定及状态变化的动态调节能力

（一）基于城市—社区联通特征的差异化调控

社区并非独立的单元，而是与城市内各个单元都有紧密的联系。在遇到灾害疫情等突发情况下，社区自然而然成为最基本的保障单元。常态下，社区及城市单元处于开放状态，居民群体可以在一定范围内任意流动，单元之间的人群、物流、信息流等进行快速的交换，社区和城市的活跃度呈现稳定状态。然而，在遭遇灾害或疫情等非正常情况下，人群活动范围急剧受限，在社区单元内呈现封闭状态，物流信息交换减缓甚至停滞，服务供给能力急速下滑。因此，需要发动全社会的力量，来减小灾害的严重影响。如何保证社群能够稳定获得基本服务，减少灾害损失，也是社区服务韧性的重要体现。

以新冠疫情为例，科拉扎等提出需要调整重构逻辑，沿组织结构化、标准化等路径开展后疫情时代城市的规划工作。彭翀等提出了应对公共卫生事件的"区域—城市—社区"多层级联动策略。王兰等从城市整体、社区和关键设施3个空间尺度提出了空间干预策略。杨俊宴等提出建立韧性社区生活圈，合理营造生活圈保障系统，根据疫情态势采用差异化的管控与开放策略。研究还指出，后疫情时代规划应着重完善生活保障类设施、基层医疗设施和物流终端建设。疫情对生活圈空间影响还有待深入研究，以能够对社区生活圈规划提供进一步的理论指导。就疫情过程的发展变化而言，政策也需要关注相匹配的生活圈变化特征及服务设施恢复情况，并深入了解不同社区之间的差异，但目前这些方面的研究关注较为缺乏，也无法为精准施策提供有效支撑。

应对风险事件，未来社区空间应实现应对调控和服务保障的多目标组

合最优解。社区公共设施的短缺无法提供临时庇护场所等，这些都成为封闭式社区管理的难题，也反映出既有社区在空间结构、公共设施等方面缺乏必要的弹性和灵活性，公共安全事件一旦发生，社区应急行动就会变得十分被动。面对如此重大的疫情，单纯依靠政府自上而下的部署既不现实，也会错失"黄金时间"。部分研究引入了需求波动的概念，即服务需求并不是不变的，而具有波动特点。从设施实际的服务视角需要对人-空间的流动关系进行审视。传统的静态规划配置一般是基于街道人口普查数据，只统计居住人数而不区分在场服务人数，计算方法存在一定的不合理性。如黄明华等以基础教育设施为例指出现有基于服务半径的配置方法过于简单和理想化，其并未与实际需求特征相匹配。端木一博等则指出，设施的开放时间也是影响设施供给的重要因素。因此，社区可根据区域人员流动的周期性特征，合理谋划一定数量的弹性资源；研究人口波动较大地区的设施弹性配置和利用方案。利用大数据多情景态势模拟，可对场所、人力、物力提出相应的优化调控方案。

同时，最新研究揭示了社区的空间可塑性及适应性。通过比较常规与非常规模式的社区空间网络结构变化特征，把握其组织形态和关键节点。社区服务韧性反映出服务应对不确定及状态变化的抵御和调节能力。尽管发生灾害时社区是最后的空间支撑单元，但仍需要城市平灾和平疫的资源更换及补充，体现为综合的服务韧性保障。比如正常状态下，社区单元、产业单元、商业单元等功能相互独立，居民在各单元生产、生活进行物质交换，市场主体与居民之间仅有商业联系，因社区单元一般无法提供生产支撑，单元之间则缺乏社会联动，在治理层面很难发挥协同作用。因此，在灾害或疫情影响期间受外力胁迫，生产输出迅速减弱而服务需求并未相应减弱，社区往往各类服务供给能力不足，也容易面临冲击情况。社区内的市场主体如超市、理发店、餐馆等生活性服务业企业，与社区居民的生活有密切联系。一个社区范围内的市场主体能否顺利复工，取决于是否有充足的服务人员和防控人员力量。然而，长期以来社区治理未能有效纳入各类市场主体，导致商业联系与社会联系割裂，亟须加强社会协同治理机制建设。

（二）提高设施复合两用，建立平急转换路径

社区服务供需的动态调节近年来被广泛关注。在我国现阶段大量存在的封闭社区形态中，社区空间资源往往存在不均衡开发的问题。对于很多无有效管理的封闭社区，公共干预依旧是必要的。通过转换和共享附近的资源，可以为社区创造更多的空间，也可以通过与当地合作准备关于未来需求的可改变空间（图5-2）。

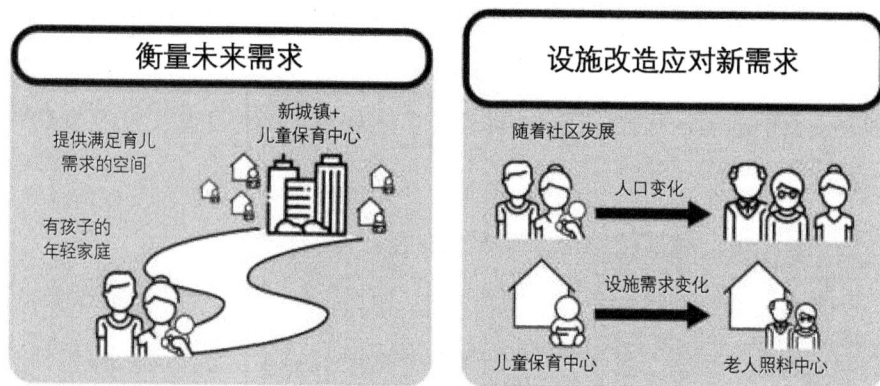

图5-2　社区人群需求的动态变化调节与设施配置

社区设施功能复合化首先要实现各类设施的整合与优化。在规划阶段，应充分考虑社区居民的需求，合理配置教育、医疗、文化、体育等设施，集多种功能于一体。在社区设施设计阶段，应充分考虑平灾两用的需求。通过合理布局，实现平时和灾时功能的转换。同时，通过创新设计，提高设施的利用效率，实现空间的最大化利用。例如，公共场所可设置可折叠、可移动的设施，以便在灾害发生时快速转换为临时避难所、急救站等救灾功能。社区设施平灾两用化需要建立协同管理机制。平时，各类设施正常运行，提供相应的服务；灾时，迅速启动应急预案，实现设施功能

的转换。平灾两用化的社区设施应注重资源整合与共享。通过建立资源共享平台，实现设施、设备、物资等资源的合理调配，提高资源利用效率。在灾害发生时，可迅速调用相关资源，开展救援工作。

自然灾害和人为灾难具有突发性和难以预测性特征。为应对突发事件，社区服务设施也需要具备应变能力。社区韧性往往体现在设施布置的功能转化能力上，该类设施可以在紧急时刻进行功能转换，以提供社区应急服务。功能转换是提升社区灾害应急能力的重要方式。对现有设施进行功能转换，可以使社区更加适应各种紧急情况，从而增强其抗灾能力。设施的功能转换途径，可针对社区绿地、社区医院、养老设施、幼儿设施等公共空间，作为灾害防御的应急场所。设施的功能转换也鼓励社区内部资源共享。例如，将社区周边废弃的建筑或公共空间改造成社区综合中心，这样不仅能够满足社区居民的娱乐需求，还能够作为集中应急和物资储备空间。

（三）线上线下相结合，实现多路径应急服务供给

数字技术赋能是支持社区基层治理、提高社区服务韧性的重要方式，为居民提供多元线上服务，有助于社区实时掌握居民需求变化，提供针对性社区服务。从辅助社区治理来看，线上服务供给是为社区政府、物业等提供更便捷获取居民需求的手段。《2018 年联合国电子政务调查报告》[①]以"发展电子政务，向可持续和韧性社会转型"为主题，提出利用在线服务移动化建设韧性社会。金筱霖等认为数字技术可以从技术和治理层面提升社区韧性，同时是建设智慧社区的关键内容，能进一步完善基层组织体系构建。

从提供物质供给途径来看，开展线上平台有助于提供社区家政、物流

---

① 联合国经济和社会事务部 . 2018 年联合国电子政务调查报告［EB/OL］.（2020-08-25）［2024-06-06］. https：//hrssit. cn/info/2079. html.

递送、物业维修等快速服务。肖婧等学者提出完善综合性社区中心，容纳卫生防疫、快递服务，同时建设线下服务预约网络，为家政服务等提供线上预约服务。在疫情期间，各社区临时搭建的线上物资供应平台起到了重要作用，一定程度上保证了物资供应与分配效率。同时，针对老龄化程度高的地区，线上服务平台可以识别对公共服务设施需求情况的变化，但当前老年人使用智能手机不普遍，操作能力有限，因此，社区线上平台设计需要简单且方便，才能在老年人群体中得到普及。

本章小结

公共服务是社区的基本功能，也是居民生活的基础保障。基于过往的风险事件尤其是疫情的冲击，未来社区服务韧性不可或缺。现有社区周边设施存在层次结构失衡、配置类型缺失、空间分布不均、未来适应性不足等问题，城市更新行动中针对性地对我国老旧社区开展了补短板行动。通过开展社区体检工作可以及时发现设施配置问题，精准调整公共服务设施配置模式，以提高各类设施子系统之间的互通性和协同性。未来服务韧性的加强应充分考虑社区设施功能复合化和平灾两用化的策略。同时，通过建立数字信息平台，可以更好地捕捉社区内人群需求的动态变化，依此配置调节公共服务资源，统筹"平急多"模态情况下的设施使用和资源分配，进一步提升社区的服务水平。

第六章

社区治理韧性

一、社区治理的新阶段与韧性建设

（一）社区建设治理的新阶段

完善坚实可靠的各类基础设施，构建运转良好的服务体系固然重要，但根据马斯洛的需求理论，理想的居住生活空间并不可能仅止步于完善物质条件，随着物质需求的满足，更高层级的精神需求会不断增长。

2017 年出台的《中共中央　国务院关于加强和完善城乡社区治理的意见》，在政策层面开启了社区治理的新篇章。党的十九大报告将保障和改善民生放在极其重要的位置。目前我国社区的主要矛盾已经由"硬性"方向转变为"软性"方向，即在物质环境已能够基本满足居民日常需求的同时，居民对自身幸福感、安全感等情感价值实现的需求日益增长。2021 年《中共中央　国务院关于加强基层治理体系和治理能力现代化建设的意见》将社区层级共同治理推向顶层设计中，提到建立起各类组织积极协同、群众广泛参与，自治、法治、德治相结合的基层治理体系，构建开放共享的基层管理服务平台。2022 年国务院办公厅《"十四五"城乡社区服务体系建设规划》持续完善社区服务体系建设，从完善服务格局、增加服务供给、提升服务效能、加快数字化建设、加强人才队伍建设等方面作出全面部署。

社区治理在各地区层面的政策也逐渐呈现因地制宜、精细化、多元化发展。2022 年 5 月，北京市民政局发布《关于加强基层治理体系和治理能力现代化建设的实施意见》，从支持引导社会力量参与基层治理、推动社会组织协同治理、鼓励引导社会资本参与、激发居民群众参与热情几个方面进行了政策优化。2023 年，上海市民政局发布《2023 年上海市社会组织工作要点》，明确引导社区社会组织参与基层自治共治，搭建共商共议的民主协商平台，畅通基层社会治理的"毛细血管"，主张发展社区社会组织，培育扶持社区基金会。与此同时，江苏省民政厅也发布《关于深化拓展社会组织孵化基地建设的指导意见》，提出重点依托乡镇（街道）、城乡社区综合服务设施和社会工作服务站点等，因地制宜、统筹推进乡镇（街道）、村（社区）级社会组织孵化基地建设，对入驻的社会组织开展系统或个性化指导和培训，围绕群众普遍关心的民生问题和差异化需求，引导入驻的社会组织提升专业能力，根据自身特色开展专业化、个性化服务。社区本身的运营与维护，以及应对未来可能会发生的各类风险都是长久而复杂的任务，厘清社区中治理主体间的关系，优化组织管理和治理模式，也是韧性社区建设的重要工作。

（二）我国社区的组织结构与社区治理共同体营造

社区中的共同事务治理不仅是社区的核心功能，也是社区其他功能（如经济、社会参与功能）的支撑基础。社区治理的改善不仅需要关注物质环境空间的优化，更需要关注社会心理和居民的感知、情绪因素的影响。因此，社区情感的生成和培育及面向社区情感及其影响因素的研究，对于提高中国城市基层社区治理效率，促进社会稳定良性转型具有现实指导意义。当突发灾害来临时，缺乏有效组织的社区往往受到更大的影响，社区成员可能面临生命和财产的极端损失、收入下降的冲击、公共服务资源被限制等各种对社区正常生活的威胁，进而引发心理恐慌与焦虑。如果缺乏有效组织机制，社区内将会产生负面情绪与舆情压力，甚至导致成员之间的隔阂与猜疑及对社区治理的不信任。社区营造的核心，即在于社区内不同主体是否能够凝聚起来共同参与社区共同事务的治理。

近 20 年来，随着中国社会结构的深刻变化，多数中国城市居民的社会关系和组织形态发生了重组。旧的"单位制"逐渐消失，新的"社区共同体"逐渐形成。由于社区多年来的发展演进及社区依恋的存在和累积，以社区为基础的社会资本正在迅速增长。随着我国城市发展进入高质量发展阶段，社区治理的目标也有更高的要求。社区资本、社区组织等将成为社会治理的重要议题。政府人员、相关学者乃至居民自身已纷纷关注如何巩固社区居民的社区情感与归属感，增进居民之间的社会交往。

二、社区治理的多维度分析：主体、组织与韧性

（一）社区治理的主体

我国大多数城市社区均存在以下至少两个或多个主体共同参与社区治理。

1. 居民

社区居民作为社区中最直接最主要的利益相关者，其日常的需求通常也是社区建设发展的目标。但随着社会、经济的发展，社区居民的生活需求逐渐变得更加多样且个性化。并且由于社区中居民各年龄圈层的不同，有时还会产生不同群体之间的利益纷争，例如，由于老年人长时间占用公共体育活动场地引发矛盾和冲突等事件。

2. 居委会

居委会作为基层政府直接连接社区居民的组织机构，在上层政策执行的过程中有比较大的话语权与相应权力，尤其体现在突发事件来临时。但与此同时，在治理社区公共事务过程中，也存在由于职能划分不清等原因造成的与居民、物业之间的冲突。

3. 物业服务机构

物业等第三方服务机构通常以营利为目的投身于社区治理中，在日常生活中通常因为无法很好地满足居民各类需求、服务金额问题等产生利益纷争。

4. 政府机构

政府机构的特殊性决定了其在社区治理中处于利益分配的主导地位。在制定政策中拥有绝对话语权，但这也导致了留给其他利益主体进行治理的空间有限，从而引发利益纷争。

5. 社会公益组织

社会公益组织通常以社会公益事业为主要目标。社会公益组织依靠赞助、政府资助等方式筹集经费，并用于专项事务。然而，由于管理问题频发，很多时候专项资金无法有效落实，导致社会公信力下降。

6. 规划师

社区规划师的概念起源于 20 世纪 50 年代的西方国家，目的是更好地解决当时存在的居住环境问题。随着我国城市化进程的推进，社区规划师也作为一种治理工具被频频提起。各省市结合地方政策构建起了社区规划师制度，以上海浦东新区为例，由上海市规划和自然资源局明确遴选条件、聘任机制和退出机制，通过双向选择方式由街镇与拟聘任的社区规划师进行选择后再结对落实，旨在将居民需求落实在图纸规划中，经过多方协调营造良好的社区环境。

根据我国城市中社区类别的不同，社区治理主体也不尽相同，通过对我国社区进行分类，可进一步分析治理主体。我国社区大致可分为两种，第一种社区以无物业的老旧小区、城中村、拆迁安置小区等形态存在，这类社区通常没有物业等第三方机构支持，高度依赖基层政府等行政力量，治理主体以各街道社区居委会为主，社区居民参与治理事务积极性较低，共建共治意识淡薄。第二种社区通常以不同价值层级的商品房社区形态存在，社区的治理主体较为多样，除了社区居民本体，还存在其他主体，如社区内各类居民自组织、第三方物业机构、居委会，以及其他社会组织等。在这一类社区中，居民因社区生活舒适度、幸福度等主客观需求较高，通常对社区事务表现出一定的积极性。加之居民在购买第三方物业服务的同时，也是将其日常居住中的需求意见委托给市场的过程，因此拥有较多话语权。这在经济价值更高的社区中更为明显，通常以居民成立的业委会作为社区意见的发声器，将居民各类事务诉求建议转达给第三方协商解决，并且在这个过程中社区居委会等基层政府参与较少，体现出了一定程度上的自下而上治理路径。在社区治理工作中，则需要对多方需求与利益进行平衡调配，但在实施中，此过程并不顺利，故大多数城市社区的治理主体协调机制仍然有待健全。

（二）社区社会组织的重要性

随着社会分工与社会活动日趋复杂，与社会组织合作治理也成为社区治理的核心元素和基本趋势。发达国家较早开始面临经济、社会、环境等多重压力，也较早注意到社区组织在灾害或其他突发事件来临时的重要作用。美国社会经济学家克莱·舍基①在其著作《未来是湿的：无组织的组织力量》中，对社区中的群体行为的定义及特征进行了解释，即一群有明确的领袖信任关系、一致群体意识和规范、一定的主题分工协作、持续相互交流分享及一致协同行动的能力的人群组成的社区。他认为群体行为的三个层面是一种递进行为。第一个层面是共享，共享的复杂因素最低，同时可以实现个体最大限度的参与自由。第二个层面是合作，其中最简单的形式就是谈话，人们通过交谈得知合作者的身份进而达到一致的目的，比共享更具有一种社区的感觉。第三个层面是集体行动，集体行动要求一组人共同致力于一件特定的事，而且做事的方式更要求集体的决定对于每个个体成员都具有约束力。国内学者张明认为，"社区中的第三部门既不是政府或其附属机构，也不是以营利为目的的企业单位，而是那些主动承担社会公共事务和公共福利事业的社会中介机构"。

---

① 克莱·舍基. 未来是湿的：无组织的组织力量［M］. 胡泳，沈满琳，译. 北京：中国人民大学出版社，2009.

政府、企业、社区居民共同参与治理，实现美好社区营造的最终蓝图是全民所愿之事。但国内城市建成区中的老旧社区通常难以通过自身筹得自建基金用以提升物质环境等，考虑到社区居民经济因素特征时，社会资本表现强势的高端小区典范模式往往"失灵"。很多老旧社区用地与商业用地交织混杂，从提升改善物质空间的视角来说，重新协调用地也必须从政府层面进行协商解决。国内社区与企业联合治理的模式在大城市中已较为多见，但多体现在知名地产打造的配套设施齐全的社区中。这种社区治理模式与西方发达国家较类似，基层政府可不作为治理主体，通常由地产自身物业服务体系提供社区服务。同时，在自身社会资本较为充裕的情况下，社区韧性项目资金通常较为充沛，并且由于该类社区中居民通常对生活质量要求较高、经济能力尚可，所以，社区自治基金筹集较为容易，可做到协调开展各类活动，增进社区居民之间的互动，提升社区凝聚力。当社区项目运营越发成功时，结合自身特色采取相关措施增强项目参与度，也会吸引更多的外来资金赞助与业态入驻，形成良性循环。通过政府与企业合作盘活闲置空间，既可以为社区居民提供更好的生活环境，也可以为社区治理项目的开展打好基础。为提高社区营造可持续性，社区治理项目的开展应围绕居民自主参与与维护，打破"各扫门前雪"的旧观念，培养其主人翁精神，促进社区共建共治共享，提升社区软硬件的韧性。这些观点共同强调了社区治理中社会组织的重要性和作用，说明社区的持续健康发展需要社会组织积极参与，共同承担社会责任，加强社区组织建设，以促进社区的和谐与稳定。

（三）社会资本、社会网络与社区韧性

相比社会组织这一具有明确组织架构的实体，在国内外的相关研究中，多个学者对社会资本和社会网络的定义更类似于一种关系性的资源集合。

1. 社会资本

德克和乌斯莱纳①将社会资本确定为社交网络和互惠互利的价值。社会资本是存在于社会结构和社会关系中的一种资源。帕特南②将社区资本定义为集体行动的推动者：“社会生活的特征——网络、规范和信任——使参与者能够更有效地共同行动以追求共同目标。”刘志林将社区的社会资本划分为信任和社会网络两方面。社会网络指人与人之间关系网络的总和。米尔格拉姆提出六度分隔理论，基于此理论的可视化模型网络可以得出社会网络是由许多节点所组成的社会结构，每个节点可以是单独的个人或组织，点与点之间的连接线对应个体或组织的关系，如亲友关系、雇佣关系等。格拉诺维特将社会网络结构中的关系分为强关系和弱关系，他认为弱关系作为不同社会关系间的桥梁，能带来更多新颖的信息与资源。然而，也有学者认为强关系能提供牢固的信任基础，提高信息及资源的质量。针对社会网络，韧性可被理解为复杂的社会生存过程，即当地社区投入行动是为了集体应对负面的社会和经济影响造成的干扰。例如，韧性表现为社区成员采取有意义、深思熟虑、集体行动来补救问题影响的能力，包括解释环境、干预和继续前进的能力③。关于社会资本，较高的社会资本和社区韧性往往被认为与居民的高等教育水平及年龄有关④。

2. 社会网络

作为一个多维度的概念，社交网络可以被视为一种黏合剂，使人、社区和国家能够为互利共赢而合作。社会学家皮埃尔·布迪厄等认为，这些

① DEKKER P，USLANER E M. Social Capital and Participation in Everyday Life [M]. Routledge，2001.

② PUTNAM R D . Bowling Alone：America's declining social capital [J]. Journal of Democracy，1995，6（1）：65-78.

③ 胡中华. 环境正义视域下的公众参与 [J]. 华中科技大学学报（社会科学版），2011，25（4）：6.

④ WOOD L，SHANNON T，BULSARA M，等. 郊区安全与社会问题：建成环境、社会资本和居民安全感认知的探索性研究 [J]. 城市规划学刊，2015（3）：126-127.

错综复杂的相互关系构成了"社会资本"的强大基石。因此，个人和社区都可以通过社会参与、互助和信任发展其内部社会网络。跨学科研究将社会网络确定为社区可持续发展的一个重要维度，它作为"支持性"的组成部分，涵盖了可观察到的社会互动、心理社区感和有机社会凝聚力。社区社会网络是通过一个渐进的过程形成的，在这个过程中，个人需求必须得到满足，共同价值观必须由成员共享。因此，这一过程主要基于对社会互动和社会凝聚力的理解来实现，其中互惠、社会规范与互信构成了关键的视角。

3. 社会资本与社会网络对于韧性提升的重要性

社区中不断的互动交流有助于建立起更深层次的社会组织，也更有利于社会资本的形成。美国社会学家詹姆斯·科尔曼在《社会理论的基础》中指出，社会资本与物质资本和人力资本是三者并存的，且社会资本与人力资本之间可以进行相互转换。美国政治家罗伯特·帕特南认为，公民在共同渊源与环境形成的紧密社会网络中，可通过对破坏公民信任关系的行为进行惩罚从而加强这一网络。而我国学者普遍认同信任、互惠、社会网络是社会资本的主要构成要素，朱伟珏更是将社会资本具体化为信任、互惠性、社会支持三个方面，构建了社会资本测量体系。

在社区韧性领域，诺里斯等[①]人高度关注社会网络对于提升韧性的重要性，将其定义为"一组将网络适应能力与干扰后组成种群功能和适应的积极轨迹联系起来的过程"。强关系与弱关系在社会网络中都不可或缺。不同的个体与组织在同一地理单元内共存，意味着强、弱关系并存于同一社区。因此，如果社区能充分利用社会网络，就能在解决共同事务中提高社区韧性。社区韧性与社会网络的关系和它们对当地社会公共资源的活化

---

① NORRIS F H, STEVENS S P, PFEFFERBAUM B, et al. Community resilience as a metaphor, theory, set of capacities, and strategy for disaster readiness [J]. American journal of community psychology, 2008, 41 (1-2): 127-150.

利用有关，系统韧性则强调在面临外部威胁时，应具备适应、吸收、预测和转变的能力，这些能力的发挥离不开对社会关系的充分利用以实现目标协同。

此外，社区资本与社会网络还会影响居民与社区治理中其他主体参与治理行动的意愿，特别是当个人和社区拥有很高的社会资本时（如确信自己可以依赖邻居，拥有许多社会网络来获得信息和支持），他们信任自身及社区的主体能动性就得到增强。然而，也有学者指出，在某些情境下，社会资本可能产生意想不到的副作用。如在阿润拉特、沃尔夫等人的研究中指出，社会资本可能导致家庭和社区产生"堤坝效应"，从而使他们忽视了对潜在危险的适应与准备。相反，有些学者基于天津社区应对洪水的韧性调查发现，建立可信的社会网络并积累社会资本，有助于社区提高应对气候变化的组织韧性，也可以增强正式和非正式社区机构（如居住委员会和互助合作社）的适应能力。克斯特霍尔特等人指出，社区应对洪水准备的程度取决于其社会参与水平，较强的社会网络能够使社区事务治理中的应对工作更加充分与高效。

| 案例研究 |

新奥尔良凡尔赛社区

美国新奥尔良市在 2005 年遭受了卡特里娜飓风的重创，随后又在 2010 年经历了英国石油公司漏油事件的打击。由于城市位于海湾附近，许多当地居民依赖淡水资源为生，且社区经济以捕鱼和食品加工业为主。凡尔赛社区因邻近开阔水域，特别容易受灾害侵袭。这两场灾难使该社区大量居民流离失所，房屋、企业和渔船被毁，医院和学校被迫关闭，社区停电或停水。在当地神父和社区领袖的号召下，居民们开始逐步返回社区，投身于家园重建。由于政府未能及时提供所需的救援资源，社区不得不依靠自己的力量来重建物质和社会结构。2006 年，玛丽女王社区发展公司成立，旨在协助当地居民重建家园与生活。至今，该组织仍在持续运行，为社区居民提供社会服务与生计技能培训。

芝加哥奥本格雷舍姆（Auburn Gresham）邻里互助计划

环境条件和经济机会的可用性都有助于社区应对与气候相关的事件和灾害的能力。在 1995 年芝加哥毁灭性的热浪中，多个缺乏空调等降温设备的低收入社区经历了该市最高的死亡率。然而，奥本格雷舍姆社区尽管也是无空调的低收入社区，其报告的死亡率却低于一些更富裕的社区。调查发现，其抵抗热浪的关键在于高水平的邻里互助，这构成了重要的社区社会资本。在奥本格雷舍姆，社区组织和居民社会网络共同培育了完整的社区意识，居民彼此认识并主动帮助老人、病人和弱势群体。

英国社区志愿服务计划和邻里守望计划

在英国，社会志愿计划是灾难紧急服务的重要力量。其全国性社会组织如英国红十字会、圣约翰救护车、救世军、皇家志愿服务及当地邻里守望计划等，为居民提供了可利用的救援资源，包括防洪员和邻里守望员。由英国当地城镇或教区委员会实施防洪计划。社区配备的防洪员在帮助社区准备、应对和恢复洪水方面发挥着关键作用，成为社区与应急管理部门之间的重要纽带。邻里守望计划重点关注容易受到极端气候影响的老年人、幼儿及残疾人，定期沟通检查健康情况并提供额外支持，增强了社区的韧性。

利物浦气候韧性公众计划

英国利物浦市的山谷社区剧院经常性针对青年人群推广气候变化宣传。山谷社区剧院将探路者的洪水电影融入互动戏剧，以提高青年人的防洪韧性意识。该剧由当地作家创作，并由附近大学戏剧系学生在当地学校演出。这些戏剧以一种有趣的方式传递了宝贵的信息，提升了孩子们的防洪意识，也影响了更广泛的家庭，展示了人们可以采取的实用措施来适应气候变化的挑战。

上海古北社区

社会资本与社会网络在社区治理中通常能够发挥主导性作用（郭子莹，2023）。以上海古北社区为例，首先由基层政府虹桥社区牵头提供一定的资金基础，用以资助社区内的公益项目，由此成立专项基金会。然而，基金会的运营并不完全依赖政府拨款，当地企业与社区居民共同筹得了其余款项，从而实现基金会自治。这一模式探索出居民与社区资本的联动共治，由政府将部分权力下放给社区居民及组织，在治理中培育起社区资本的自生能力与邻里间的信任互动能力，从而促进了多主体的合作。在古北社区中，社区资本如社区内的商户联盟等是推动治理的重要力量。由于社区内各主体的经济、文化背景以及资源差异，各种扰动因素作为变量也会影响参与治理的方式，针对不同社区的经济社会环境以及各治理主体的特征，社区韧性治理构成模式存在较大差异。

三、韧性社区的公众参与与社会韧性建设

社区韧性治理事务中的公众参与过程往往涵盖多种类型，根据治理的不同阶段及不同的相关利益主体，调整不同的参与模式。大多数利益相关者认同公众参与，但并非所有利益相关者都希望以非常密切或者高级别的公众参与形式进行。同时需要指出的是，较低级别尤其是通知和咨询，可容纳许多利益相关者。较高参与水平则需要机构和利益相关方共同付出更多的努力，因此通常只有较少的相关方参与。项目实施过程中，一般需要

维护利益相关者，以定期获取他们的想法、意见和关注点。而通过周期性与公众面对面的规划演示/工作坊（形式可以多种多样），专注于实施交付与定期更新在线平台（如专用网站及社交媒体），并指定专门的联系人，使感兴趣的各方能够及时了解项目进展。

韧性社区公众参与的关键在于从一开始就明确利益相关者和支持者，并将其纳入项目的全过程。在社区实际操作中，公众参与过程一般通过代理方来组织活动。社区公众参与本质上就是将人们聚集在一起朝着一个共同的目标而努力，如关于社区发展所需的公共空间而言，目标是对已停运或未充分利用的空间进行改善和再利用。推动社区项目成功的不仅仅是获得土地和物质资源的方式，还在于相关人员的热情和愿景。因此，社区规划师在编制规划时需充分考虑多元主体的参与性，对空间诉求进行充分调查，评价并协调利益矛盾冲突。

（一）公众参与的主体行为特征

巴克尔（2004）强调社区的本地性、自愿性和自组织性，指出社区由具有技能、资源和组织能力、能够向高危人群提供服务的成员组成。他们的贡献不仅仅限于立即的灾害响应，更在于通过社区主导的社会行动和志愿服务，增强社区的韧性。个人、企业和社区面临的风险将受到其具体情况的影响。公众可以采取的最重要的行动是了解自身面临的风险及为这些风险所做的准备。

（二）公众行为与参与动机

公众对韧性的贡献不仅来自提升个人应对能力，也能合力形成社会抵御风险的基石。在个人层面，公众需培养心理素质，塑造积极心态来应对困难；同时，还应具备情绪调节能力，运用科学方法快速调节情绪。持续学习提升应对能力，为个体韧性提供动力。少数群体对改善社区和增强韧性所需的资源信息和获取途径可能有限，但通过多数人的认同可营造积极社会氛围，激发公众韧性和奋发精神。面对挑战，应关注公众韧性培养，搭建社会支持体系，凝聚力量共同应对。在社会层面，社会组织作为社会韧性的支撑，应加强建设，提高公众参与度，增强社区凝聚力。面对灾害和困境，社会组织能迅速动员资源，协助政府救援，建立完善的支持网络（包括正式与非正式支持渠道），为公众提供必要援助。

（三）公众的适应性与学习能力

适应能力和学习能力是提升社区韧性的关键，它们可以增强社区应对各种气候和灾害影响的能力。这一维度中关注的指标包括风险感知、自我效能、学习和反应。风险感知和社区成员对其获取资源和成功适应能力的评估，是居民采取适应性行动意愿的关键决定因素，预计与韧性有积极的联系。此外，学习和应对措施的衡量标准是教育水平和在灾害事件发生期间或之后采取的适应性行动。

（四）公众参与对社区韧性治理的贡献

多元主体的协作是促进社区韧性治理成功实施的关键因素，而在治理的整个流程当中，如何收集公众意见、完善公众参与机制，并在治理的过程中将其落实，以促进社区事务治理过程中公众参与的可持续性与有效性，是至关重要的。

▌案例研究▐

哥本哈根 St. Kjelds 社区规划的公众参与

第四章提到的 St. Kjelds 社区作为哥本哈根州第一个具有气候适应能力的韧性社区，其成功规划建设也和参与者多方协作密切相关。从一开始，社区参与、场所营造和政府宣传就融入了该项目的目标。项目启动后，成立了由技术和环境管理局（经理）、项目业主（Hofor）、设计师（Orbicon）、非政府组织和当地居民代表组成的委员会，形成了多方利益相关者的伙伴关系。该项目从设计到实施和评价，充分利用了新思想、新方法和技术手段。例如，在原有地下系统的基础上，通过精心设计增加了地面系统，采用地上与地下相结合的方式应对暴雨。运用计算机建模、风险评估和模拟协助规划和设计项目。数据库和信息系统覆盖城市地面和地下建筑、道路、管网等，并在此基础上及时进行模拟和评估，确保项目的高水平设计和施工。

美国东海岸韧性修复计划的公众参与机制

美国东海岸韧性修复计划（East Side Coastal Resiliency, ESCR）是一项由纽约市和联邦政府联合发起和资助的社区空间更新计划，通过建设防洪系统并改善社区生态环境来抵御洪涝灾害风险。由于 ESCR 是一项涉及居民生活质量的大型项目，政府要求在规划设计的每一阶段都需要保证公众意见得到落实，故此建构起政府、专业团队、社区居民三方的协作网络。为畅通公众参与的渠道与方式，在调研阶段，社区居民与专业团队一起进行现场踏勘，在具体的社区环境中表达自己的想法；在设计阶段，根据各区域项目周期的关键节点及时组织意见征集、探讨会议，邀请与项目相关的所有主体参加，对社区居民的建议进行整合并结合项目修改调整方案，以确保社区活力与多样性的有效提升。

新加坡剑桥路社区

由于长期遭受到洪涝灾害的困扰，新加坡宜居城市中心在剑桥路社区开展了建立社区韧性的试点研究，邀请社区居民共同参与规划社区中的开放空间。在此项目中，项目组为了能够制定出适合当地的防洪策略，在项目正式开始前期先后向荷兰与美国等国的专家了解雨水管理与灾后重建等必要知识，并帮助社区居民学习气候问题与应对相关内容，以便使其将自己的生活经验融合进治理方案中。此外，项目组选拔了社区先锋，通过增加宣传与交流，动员了更多的居民参与进社区项目中，并在此过程中尝试建立起社会资本组织，用以提升社区韧性。

成都市九里堤北路社区的多元共治

为了在成都大运会召开期间吸引更多游客，九里堤社区发展治理创享中心围绕星科街片区进行社区可持续总体营造，以优化社区重点地段物质环境，从而提升各类商业业态的活力。项目组认为社区居民有需求，但缺乏引导，为调动居民参与社区治理的积极性，治理中心通过线上线下多种方式征询居民意见，例如，通过线上社区官方公众号进行意见收集，线下围绕各类设计难点在社区楼栋之间进行公示，最终，从提交的 95 份规划设计草案中，社区内商家贡献了 6 份，社区居民贡献了 85 份，社会组织贡献了 4 份。设计方在多方规划草案的基础上，整理出了规划方案。这种全过程多方参与式的规划设计模式，不仅保证了社区规划的民主性和合理性，而且提升了社区规划的可持续性和韧性。

四、韧性社区的治理行动与平灾结合导向下的治理模式

随着近年来各类自然灾害、公共卫生事件频发，社区治理也需要在日常治理之余，将灾害风险的防控措施融入社区规划和治理事务当中，通过平灾结合的导向提高社区的系统韧性。

（一）社区应对突发事件场景的韧性行动

2022 年，为应对台风"轩岚诺"登陆造成的危害，上海市仙霞新村街道党工委和办事处在社区中提前部署预防和应急准备工作。在台风到来之前，街道办通过各小区内的宣传屏幕、广播等设施发布预警信息，提醒居民提前采取相关防范措施，同时通过各业主群、上门通知等线上线下相结合的方式，提醒居民及时收纳室外物品。此外，街道还联合各施工、维保

单位对各对应辖区内的社区环境进行检查加固。在应急组织上，提前成立好街道应急处置小组，为台风来临可能会发生的抢险工作做准备。依托上海市智慧管理平台"一网统管"系统，实时获取各类降雨量、风力、道路积水等相关信息。这种"软硬结合"的方式有效助力了社区居民抵御台风带来的危害。

（二）社区应对公共卫生事件的韧性行动

国内学者陈寿松与翟国方（2023）认为，疫情防控与飞行危机处理具有许多相似之处，通常表现为风险源未知、信息不全且反应时间紧迫等特征，是否能够采取快速、正确的行动至关重要。应对飞行危机的快速参考手册（Quick Reference Handbook，QRH）是按突发状况分类列举故障排除方法的对应条例，社区也应建立类似 QRH 的应对手册，以应对突发性公共卫生事件。

2020 年新冠疫情期间，日本各社区快速推出居民防疫指引手册，以各社区居民与组织为主体，由防灾委员会组织，根据各情景给予标准化的行为指南细则。在这一措施下，社区居民得以了解如何在疫情期间采取适当的防护措施，包括如何正确佩戴口罩、保持社交距离、勤洗手等。这些指南不仅提高了居民的自我保护意识，也有助于减少病毒传播的风险。此外，通过社区志愿者和相关组织的积极参与，居民们能够及时获得相关信息和帮助，加强了社区内部的凝聚力和应对能力。这一举措在日本各地社区得到了广泛推广和实施，为应对疫情带来的挑战提供了有效的基础。

此外，我国学者也强调，应对公共卫生事件时，组织治理行动与保障物质空间同样重要[①]，以上海陆家嘴社区为例，在新冠疫情发生时，社区

---

① ZHANG L, ZHAO J, LIU J, et al. Community disaster resilience in COVID-19 outbreak: insights from Shanghai's experience in China [J]. Risk Management and Healthcare Policy. 2020 (13): 3259-3270.

体现出了物质空间与社会空间两方面的韧性。社区通过创造卫生和可持续的社区物质环境来控制传染病的源头，并且在社区中配置了用以防备突发卫生事件的医疗设施，重视通信与交通两大基础设施的有效性，定期维护，确保各类设施处于可响应状态。此外，陆家嘴社区专门成立了公共卫生应急管理协调组织，牵头组织设有分支机构，承担一般协调、消毒、疫情干预、信息沟通、安全、市场监测和后勤支持等不同职责。同时，社区还建立了卫生传播系统，纵向和横向地为公共卫生机构提供疫情信息。

（三）平灾结合导向的社区治理韧性提升

韧性社区治理模式需要着重考虑日常和应急多种状态下的组织协作。在日常场景下，通过拟定适应性的治理与协作途径，弥补社区短板。在灾害场景下，鼓励发挥多元组织协作能力，保障预警救援防护全过程。社区不仅是城市居民日常居住生活的物质场所，也往往是各类灾害及风险发生时首先被感知的基本单元，随着近年来全球范围内各类极端天气频发，如何提升社区层级的物质与社会、经济韧性，制定常态化演练与应急处置方案，以保证其在日常与灾害发生时能够稳定运行基础功能，从而避免引起更大规模的公共危机势在必行。同时，面对突发性、大规模灾害及伴随存在多种不确定性的次生性灾害，提高社区韧性能力的关键在于提高社区抵御主灾害和减小次生灾害影响的能力。从灾害发生前的预警到发生时的救援及发生后的防护和重建需要大量的人力、物力等资源，需要政府、社会、有能力的社区居民共同参与协作，以最大限度地减少灾害带来的影响。结合国情，由政府机构牵头引导社区各类组织形成系统性韧性治理的新模式必然是优化社区治理体系的重中之重。未来，除居委会等传统组织外，还应鼓励建设多类型社区组织，划清规则、理顺关系、明确职能、建立协作，结合各类新技术和大数据平台，有序构建起能够涵盖不同类型社区的平急结合韧性治理方案。

▎案例研究▎

应对大型突发式灾害事件的社区应急策略

在"9·11"事件和炭疽热疫情发生后，洛杉矶公共卫生部门（Los Angeles County Department of Public Health）深刻认识到去中心化的社区公共卫生服务结构，可持续的社区参与、社区归属感与信任感的建立以及社区中各组织的互动是构建社区韧性的核心。在该项目中，除完善公共卫生设施外，公卫部门通过设计应急工具包，对项目相关人员（医护人员、公卫部门工作人员）进行应急准备结构化培训，并与区域内不同社区组织进行接触，促进其发挥领导和带动作用，从而扩大社区志愿者网络。此外，通过利用社区日常活动项目及社交网络平台来重构公共卫生应急准备实践，推广以"认识你的邻居、一起计划、做好准备"为口号建立社区韧性的关键战略，鼓励居民与邻居见面，并共同准备相应应急计划，旨在加深居民与居民之间的互动层次，从而建立稳固的应急伙伴关系。此外，公卫部门还提供了线上资源，以指导居民应对紧急情况，并利用社交网络分析工具来评估社区协作水平。

应对洪水灾难的社区恢复策略

格拉斯哥位于克莱德河畔，常年湿润，降水量大。2010年前，洪水对该市造成了重大破坏。2013年成立了格拉斯哥社区洪水韧性计划，与当地社区合作，致力于提升社区应对紧急情况和灾难的能力，并促进灾后恢复。计划包括社区规划指南（提供有关如何制订计划的分步指导）、培训课程和讲习班，教导社区如何为紧急情况做好准备并有效应对。格拉斯哥社区复原力论坛，是汇集了社区团体、紧急服务和其他组织以共享信息和最佳实践的平台。此外，GCRP还支持开发许多社区主导的小型项目，如社区应急响应小组，这些小组经过培训，可以应对其社区的紧急情况。上述举措通过促进备灾文化和帮助社区发展应对中断和危机所需的技能和资源，提升了格拉斯哥社区应对洪水的韧性。

应对极端天气的常态化社区韧性能力建设

针对极端寒冷天气的组织响应，英国卫生安全局（UK Health Security Agency，UKHSA）部署了一系列措施，指导志愿部门和社区部门有效应对。其中，寒冷天气预警行动卡（Cold Weather Health Alert action card）作为社区应急计划的重要组成部分，根据天气情况划分为绿色（冬季准备）、黄色（响应）、琥珀色（增强响应）、红色（应急响应）4 个级别（图 6-1）。针对恶劣寒冷天气，重点确保在这些条件下能够继续为处于危险中的人们提供支持。与合作伙伴机构、提供者和企业合作确保弱势群体和边缘化群体得到适当支持。这可能包括建立和维护高风险人群登记册、确保支持来源，评估寒冷天气可能对社区场所产生的影响。同时，还建立了志愿者轮守计划，在寒冷天气里确保社区安全，为无法在寒冷天气下获得服务的人提供支持。

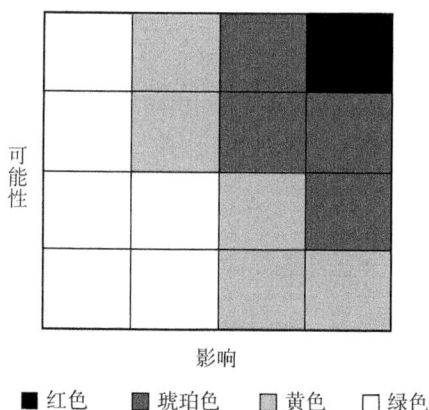

图 6-1　英国卫生安全局应对极端天气的分色行动卡示意

应对高温热浪天气的组织响应案例

纽约市是高温天气的重灾区，每年夏天都有大量居民死于极端高温。

为应对这一挑战,在纽约市的布朗克斯南部、曼哈顿北部与布鲁克林中部区域等高风险社区中,通过与本地社会组织合作,成立了社区志愿者服务网络,组织居民进行极端气候高温影响的相关保护措施培训,提高居民的意识;帮助各社区确定可用于高温来临时的应急公共建筑点位,以便给脆弱地区物质条件较差的居民提供庇护场所。这些措施不仅提升了社区抵御高温的物理环境韧性,也增强了邻里之间的凝聚力和社会韧性,为脆弱社区的整体韧性提升提供了有力支持。

应对地震风险的常态化社区韧性能力建设

温哥华市政府通过发布地震对于建筑损毁程度地图来提醒市民城市中有哪些区域危险,哪里相对安全。根据评估,受到最大破坏的将是一些老旧的高密度多层住宅区和中心商业区。为此,2019年加拿大温哥华举办了"VanSlam演习",吸引了近700名人员参与,包括志愿者、急救人员、建筑检查人员、市政府部门和在30个地点开展行动的外部机构等,以测试该市各区域在地震来临时的应急响应和沟通计划。此外,地震官网发布家庭抗震防备指南,提示居民准备好可以维持1~2星期的应急包(包含饮用水、食物、备用电源、医疗物品、口哨等)。演习过程由专业机构人员组织居民练习地震来临当时当刻应做的动作。同时,市政府还模拟了各区域发生地震后公路系统的破坏和恢复演练。通过以上平灾结合的治理手段,显著提升了温哥华各区域内以家庭为单位应对地震灾害的能力。

日本爱媛县东北部今治市清洁中心(Baliclean)以"安全可靠的方式连接人、社区和几代人的今治市清洁中心"为基本理念作为社区能源基地于2018年4月投入使用,由当地政府、第三方信托公司、非营利社会组织与社区居民共同运营,平日通过焚烧垃圾为社区居民提供电力资源,同时也是社区居民可以进行体育活动的公共活动中心。此外,Baliclean通过组织各类防灾活动起到日常宣传作用,并被指定为社区"定点避难中心"以便应对地震等突发灾害。在地震来临时，中心通过隔板等设施转换为若干具有隐私性的隔断供居民避难休息，同时长期储备可供300多人生活一周时间的应急食物、饮用水及各类日用品和医疗用品。此外，由于Baliclean本身为能源中心，在紧急时期也可通过内部发电机为各类通信设施供电，以便与外界保持联系。

多元合作的社区组织韧性提升策略：日本"官+学+民"三方合作

在阪神大地震前，六甲道车站北地区已存在道路狭窄、公园等开放空间不足等问题，而地震后造成了大面积的土壤液化，水、电、通信等各类基础设施被破坏。由此，当地政府意识到环境本身的韧性不足，以及防灾保障空间建设的重要性。于是开始在空间上实行土地区划改革，在治理制度中促进"官+学+民"三方合作。其中，"官"代表能够承担社区公共服务的各类政府机构，"学"是以专业知识在社区中开展先进活动的高校机构，"民"指的是提高社区活力和吸引力的社会组织及社区居民。在治理社区公共事务的过程中，建立"官+学+民"三方共同参与的社区营造联合协议会，由政府提供政策上的保障，专家提供专业援助，协助居民积极参与，这种治理组织既活跃了社区自治的能力，也为社区可持续发展培育和储备了专业人才。

通过以上案例中所采取的措施可见，实现平灾结合的核心在于：首先应在日常中做好灾害风险评估，并制定相应的措施与应急策略；其次，除提升社区基础设施的韧性之外，更需要加强社区居民的防范意识，尽可能建立起社区内部的应急组织体系，以增强社区应对灾害的自治自助能力，从而有效提升社区的风险应对能力。

五、结合智慧技术的韧性治理能力提升

（一）社交媒体对社区治理的作用

随着网络社交媒体的广泛使用，社区组织和治理韧性应充分重视并强化社交媒体在应对突发事件中的作用。当前，许多研究侧重于潜在或实验性的社交媒体应用。研究人员开发工具，从灾难相关的社交媒体内容中提取有价值的信息，协助应急官员更好地协调和执行救灾工作。在此过程中，社交媒体内容由应急管理人员、媒体和公众共同创建和分享。

对 2011 年泰国洪水的案例研究发现，人们使用社交媒体是因为其他信息来源（如主流新闻媒体和记者①）确实未提供相关或所需信息。这一发现与现有的研究表明，平民使用社交媒体作为更精细的"反向渠道"，以获取对他们而言重要的信息。其他事件也表明，社交媒体已成为人们在活动期间获得不同类型支持的重要平台（如 Facebook 等）。此外，新兴群体可以通过社交媒体平台进行自我动员，为应急管理人员提供特定感兴趣的信息。

尤其在灾害发生时，各层级的应急管理人员应与社交媒体紧密联系，保证灾害波动信息可以快速传达至社区。例如，美国应急管理实体包括法律执法机构、民防机构、县级紧急情况管理董事或协调员、联邦机构（如NWS）、火灾部门/官员、红十字会志愿者以及紧急医疗服务等，这些实体在地方、州和联邦层面都有责任准备和应对紧急情况。在灾难面前，应急管理人员需要与新闻媒体、公众等利益相关者保持沟通。社交媒体是应急情况的沟通工具，但目前对于管理人员而言，在多大程度上和对如何使用

---

① 刘宁，张志彤，黄金池．泰国湄南河 2011 年洪水观察与启示［J］．中国工程科学，2013，15（4）：108-112.

社交媒体救灾的认知较少。因此，未来的研究应关注社交媒体的当前用途、使用障碍及应对策略。

在信息时代，通过社交媒体参与提升社区治理，已成为提升社区组织韧性的重要手段。这主要体现在宣传营销促进参与、建立纽带营造氛围、监测反应解决问题三个方面。首先，在社交媒体中，人们往往倾向于关注带有争议性的社会事件，而在社区层级中运用社交媒体，作为主体之一的社区居民基于此平台，参与讨论与自身利益相关事务，则会自然而然参与进社区治理中，从而提升公众参与度。其次，日常生活中邻里关系薄弱且疏离，而社区居民通过社交媒体互动，可以从线上至线下更快速建立起深层次联系，在互动、讨论过程中自发筛选并团结起有共同想法、行动力的社区成员，从而营造出更加坚韧有活力的社区氛围。最后，由于社交媒体（如各类形式的账户、微博等）具有传播性、实时性与开放性，并且各讨论圈层有各自侧重点，所以更容易发现社区痛点，从而便于社区组织对不同群体适时提供合适的服务。

社区系统的感知能力是其韧性和灾害复原力的关键。社交媒体数据能够通过作为与灾害和危机决策的空间和时间尺度密切相关的数据源，来支持社区复原力分析。特别是在危机事件期间，用于个人交流以及集体智慧和集体行动的社交网络的进步，也增加了研究人员挖掘数据价值的能力。社交媒体数据和分析的灵活性提供了理解社区"在存在可能破坏某些元素、系统或其他分析单元的条件时识别问题、确定优先事项和调动资源"的能力，即其足智多谋的能力。

（二）结合社交媒体大数据的韧性治理

结合社交媒体大数据的治理方式可以快速捕捉社区危机，同时有效获取社区居民对现场状况的各类看法并分析其行为特征与变化趋势。通过搭建承载数据的平台，根据不同情景聚合数据，因地制宜进行社区各类灾害预警。其中，社区数据获取是利用社交媒体数据进行治理的第一步，国外研究者已较早将大数据应用到社区韧性治理中。如在 2017 年美国发生"哈维"飓风灾害后，研究者利用部分人口移动设备分析美国休斯敦市灾害发生过程中各个社区人口的流动行为，以原居住活动点恢复流动时间作为社区韧性恢复依据，进而评估飓风对社区居民、设施等的影响。首先，研究人员对休斯敦地区约 80 万部智能手机中地理数据进行预处理从而确定每部设备使用者的日常居住活动区域，同时通过美国社区调查（ACS）[①]数据来获得人口普查区的几何形状以及相关的社会经济、住房和人口特征，并收集避难所位置及其空间边界。其次，将飓风来临时的影响与恢复原流动时间作为韧性参考依据，通过飓风来临时与来临后各个社区的地理数据流动模式，引入相关模型进行量化，从而评估飓风对各个社区的影响。结果表明，经济脆弱地区在飓风来临时数据波动最大，飓风过后原居住活动点水平大幅下降，且恢复流动时间最久，而经济稳固地区数据流动则受飓风影响较小。该研究可以为当地政策决策者提供实时数据，并依此作为优化社区避难所点位及疏散路线的依据，从而更好地在灾害来临时进行援助。

以郑州"7·20"特大暴雨灾害为例，研究人员[②]提取了新浪微博上与洪涝灾害相关的信息，构建了暴雨洪涝灾害数据集，并分析了暴雨期间的时间轴与舆情的变化趋势。通过文本聚类方法提取社交媒体数据中与内涝相关的地理位置信息，结果显示，强降雨期间有关洪水信息的微博话题讨论量急剧增加，且话题讨论高峰时间与降雨强度高峰时间存在约 4 小时的滞后，而基于微博提取的受灾害影响的社交媒体地理位置能够覆盖官方公布的内涝点总范围的 87.5%。该研究不仅有助于识别灾害事件，还能促进

---

① HONG B Y, BARTOSZ J, et al. Measuring inequality in community resilience to natural disasters using large-scale mobility data [J]. Nature Communications, 2021.

② LI H X, HAN Y H, WANG X, et al. Risk perception and resilience assessment of flood disasters based on social media big data [J]. International Journal of Disaster Risk Reduction, 2024.

相关灾害风险管理。

随着数据类型发展的多元化，除客观人口流动数据外，居民在社交媒体中发布的相关文本、图像等同样可以应用到社区韧性评估中。多项研究已表明社交媒体大数据对于识别灾害、促进灾害风险管理有重要意义。有学者提出，应将各种突发事件发生时社交媒体中产生的文本、图像等数据上传至地理信息系统支持的网络系统以实现可视化处理。通过数字赋能社区应急响应，不仅可以为决策者提供实时数据，以便灾时提高援助效率，也可在灾后重新进行场景复现，进而优化应急避难的疏散路线及应急避难场所的合理点位。此外，通过研发灾害疏散数字软件，还可一键式生成社区疏散避难指引。

本章小结

本章节通过辨析韧性社区治理的主体构成，从社区的实际组织维度出发，详细探讨了社会网络、社会资本、公众参与等相关概念及其与韧性社区的深度关联。通过分析不同主体在治理社区公共事务时的合作类型与参与方式，总结了各类灾害情境下国内外社区案例中的多元治理模式。同时，本章还深入分析了新技术提升社区和社会组织韧性的路径，阐述了社交媒体大数据的使用效能，为改进和加强社区治理的动态过程监测，提升社会参与和社区凝聚力提供了有力的行动参考借鉴。

第七章

创新发展：韧性社区的未来行动

本章关注韧性社区的未来行动，旨在通过创新体系探索韧性社区的实施路径。首先，介绍了全球韧性社区的目标和体系建设，研究了不同国家和地区的实例，涉及制度建设、规划管理、运作组织等实施层面的行动框架和路径选择。其次，通过分析比较多个国家实施韧性社区项目的关键步骤，为面向实施的政策落地和行动路径提供了参照。最后，结合我国现实情况，提出了韧性社区实施的未来对策与建议。

一、韧性社区的发展目标

国际上，韧性社区的建设目标主要是通过国家和地方两个层面进行政策引导。

（一）国家层面

国家机构往往是大多数韧性社区建设倡议计划的发起者和组织者。例如，新西兰国家紧急事务管理局（National Emergency Management Agency）是负责该国整体灾害和灾害引导的主要政府机构，其主要行动框架是 2002年市民防御和应急管理（CDEM）法案。2018 年，我国成立的应急管理部为我国韧性城市建设奠定了坚实的制度和组织保障。自然资源部也出台了相关政策加强"平急两用"公共基础设施建设，促进城市韧性目标在全国国土空间规划实施中的实现。

| 案例研究 |

2022 年加拿大国家适应性战略明确提出建设有韧性的社区和强大的经

济①，并设定了 5 个适应战略领域。

1. 抗灾能力

社区所有人能够更好地准备、减轻、应对与气候变化相关灾害的危害、风险和后果，并具备从中恢复过来的能力，人们的福祉和生计得到更好的保护，总体灾害风险有所降低，特别是对风险较大的脆弱部门、地区和人群而言。

2. 健康和福祉

所有人的健康都受到气候适应力和适应性卫生部门的保障和支持，该部门拥有强大而敏捷的系统和服务，可以支持福祉的多元需求。

3. 自然和生物多样性

生物多样性的丧失已停止和逆转，自然已经完全恢复，允许自然和人类和谐共生，生态系统和社区在不断变化的气候中共同繁荣，人类系统与自然系统密切相关。

4. 基础设施

所有基础设施系统都具有气候适应能力，并不断适应未来的影响，为全社会提供可靠、公平和可持续的服务。

5. 经济和就业

经济结构旨在预测、管理、适应和应对气候变化的影响，并在不断变化的气候中积极推进新的包容性机会，特别是对于高风险社区、土著人民和脆弱的经济部门。

（二）地方层面

在地方层面，不同国家的城市地区往往自主开展各类实践工作。例

---

① Environment and Climate Change Canada. Canada's national adaptation strategy—building resilient communities and a strong economy［EB/OL］.（2023 - 02 - 21）［2024 - 06 - 06］. https：//www. canada. ca/en/environment-climate-change/news/2022/11/canadas-national-adaptation-strategybuilding-resilient-communities-and-a-strong-economy. html.

如，在美国，休斯敦市依赖于社区、城市和区域层面的协作行动，以及团体、组织和倡议的协调努力，致力于建立韧性社区。在总体规划发展计划层面，该市提出了健康的居住地，公平、包容和负担得起的城市，气候适应的领导者，成长型城市及变革性经济等重要韧性目标。而新泽西州的韧性社区计划则强调从飓风"艾达"的灾难影响中恢复，通过减少未来灾害的影响，减少或消除生命损失、伤害、财产损失及长期灾害风险，保护受影响社区的公共资助恢复投资，并通过韧性计划向联邦申请资金。

▌案例研究▐

西班牙巴塞罗那市自 2013 年起通过与联合国人居署（UN-Habitat）的韧性城市全球计划（City Resilience Global Programme）建立正式合作后，一直致力于成为基础设施和服务等韧性方面的榜样城市。2015 年，巴塞罗那加入了国际 100 个韧性城市网络（Resilience City Network，RCN），并明确提出从地方级开展韧性工作对全球均可产生重大影响。2016 年，制定了针对该市的城市韧性政府措施，旨在社区的住房、公共空间、应对人口变化等方面有所提升，增强气候灾害风险的应对能力。在新冠疫情期间，该市地方行政部门提供研发支持，用新的数字技术和基于循证的工作方法，以信息和数据为基础支持韧性决策。

新西兰惠灵顿市提出了让居民在城市变化中生存并苗壮成长的韧性发展愿景，通过三大目标（人们相互联系、有权利并融入社区；决策是综合的和知情的；我们的家园、自然环境和建筑环境都是健康和强健的）推动一系列的战略项目，以应对海平面上升和地震等风险。目标专门指出，帮助社区变得有韧性的作用不仅是防灾预防准备，还可增加对社区的投资，带来更健康和更安全的邻里环境，创造教育和就业机会，并改善居民的日常福祉（表 7-1）。

表 7-1　国际上社区韧性计划的目标导向（根据相关参考文献整理）

韧性计划	目标方向	实施类型
休斯敦韧性计划	a. 健康的居住地 b. 公平、包容和负担得起的城市 c. 气候适应的领导者 d. 成长型城市 e. 变革性经济	总体规划计划
新泽西韧性社区计划	a. 通过减少未来灾害的影响，减少或消除生命损失、伤害、财产损失及长期灾害风险 b. 从飓风"艾达"的灾难影响中恢复 c. 保护受影响社区的公共资助恢复投资 d. 向联邦申请资金	项目申报计划
巴塞罗那韧性框架	a. 足够的住房和获得基本服务的权利 b. 公共空间（绿色基础设施、可达性、健康、空间用途和社会凝聚力） c. 适应人口老龄化和人口特征变化	项目和政策审查
惠灵顿韧性策略	a. 已连接和已获授权的社区（增强社区凝聚力和居民参与） b. 综合和明智的决策制定（基于数据和信息的决策支持） c. 健康和坚固的家庭、建筑和自然环境（增强基础设施和环境韧性）	专项规划和系列项目

对比国际经验并结合现实情形，我国未来的韧性社区建设也需融入以下发展目标。

1. 保障困难群体，促进社会公平正义

针对困难群体，增加庇护，特别是在恶劣气候天气下给予更多支持。国外很多城市管理者发现，社区在应对公共卫生风险时往往存在较大的差异，低收入社区及弱势群体的发病率更高。例如，巴塞罗那韧性网络（Xarxa Barcelona Resilient）汇集了地方实体、互助团体、公共和私人机构，其目标是为重大事件的受害者提供支持，如在冬季的冰冻夜晚为流浪者提供避难所。此外，很多城市从环境正义视角出发，确保社区政策和行动避免不公平分配，以预防和减少低收入或弱势群体居住区的环境污染和风险。

2. 应对风险变化，加强基础设施建设

在物质维度，加强基础设施的适应性强化，升级和构建能够抵御极端气候事件（如洪水、风暴、高温）的基础设施。同时，增强能源系统的灵活性和冗余性，确保在极端天气事件中能源供应的稳定性。通过改善排水系统、加固建筑物、建设防洪堤和绿色屋顶等基础设施，不仅能减少灾害的直接影响，还有助于社区长期可持续发展。例如，纽约市注重气候韧性，制订了257项计划以优化该市基础设施系统，并恢复飓风"桑迪"后受灾最严重社区。不断增长的人口、不断老龄化的基础设施、不断发展的经济和日益加剧的不平等将继续挑战社区的适应能力。在技术上，提供了在社区、建筑、基础设施和海岸线的详细分析和风险评估。

3. 结合发展需求，创造经济就业机会

社区作为地域性单元，往往依托本地化的特定政策文件，并与地域性的规划发展政策相适应，推进地方经济计划的实施。韧性工程可以作为新型基础设施，带来专项资金计划。因此，布局社区韧性的经济计划可与城市更新、贫困地区改造等计划有机结合。例如，在休斯敦，目标是建立安全、公平和有弹性的社区，全市被划分为88个"超级社区"，采用以社区为中心的理念，为社区量身定制韧性计划。通过整合政府-社会资源进行目标协同，联合休斯敦土地银行和社区土地信托基金等机构向韧性社区发展投入合力。推行公私合作模式（PPP），充分利用社会资金和技术来建设和改善社区。公私合作可以加速项目的实施，同时分散政府的财政压力，吸引更多的投资进入社区基础设施和社区社会服务领域。

二、营造韧性社区的未来行动

（一）韧性体系建设

1. "平急两用"体系

2023年，国务院办公厅出台《关于积极稳步推进超大特大城市"平急两用"公共基础设施建设的指导意见》，明确提出将"平急两用"理念融入城市整体规划，推进"平急两用"设施建设。当前，超大、特大城市的郊区与村镇单元在公共基础设施建设上相对薄弱，人口从城市中心区向郊区外围疏散后，外围地区的收纳处置能力不足，符合急用状态标准的设施亟待完善。"平急两用"新型基础设施的发展顺应了国家战略关于韧性城市建设需求，并能有效补足超大、特大城市周边偏远社区和乡村社区的空间发展短板。在空间格局上，有必要进一步加强城市整体空间系统的统筹协调，加强健全城市全域应对灾害疾病情况下的人员收纳、医疗救治与物资保障体系，合理布局和发展集旅居服务和应急防疫等复合功能于一体的新型两用设施。

由于各类灾害和风险安全事件频繁出现，且公共卫生安全风险依旧存在，城市平急场景转换在未来或将成为一种新常态。为了更有效地应对突发情况，应建立社区平急资源库清单，研究"平急两用"设施改造可能性，如对社区周边闲置建筑和富余空间谋划急用接管方式，统筹预备临时卫生站、物资仓等急用设施。同时，引导部分既有设施增置储备和应急空间，加强平急不同状态使用的无缝切换。在应急状态下，如疫情等公共卫生安全事件的突发及其防控措施会对城市社区的可达范围、设施可利用数量产生较大影响，应模拟研究社区及周边设施的应急运行状态，掌握突发公共卫生安全事件下的社区生活圈服务变化特征。同时，需要精细化地分析研判不同情景下社区设施服务的变化弹性和适应能力，为不同情景下的居民社区服务提供安全保障。在基层治理中强化平疫转化，确保在应对突发事件时社区能够迅速进行开放和封闭管理的状态切换。

在平急多状态的管理和组织方面，常态化宣传教育体系是韧性社区建设的必要环节。通过邀请专家和志愿者为居民提供有关韧性建设的专业知识和经验分享，可以增强居民参与危机管理的意识，提高社区的应急响应能力，强化社区秩序维护。此外，还应注重提升居民的应急素养和自救能力，加强对社区居民的教育和培训。通过开展各种形式的培训活动，帮助居民熟悉多种状态下的迅速应变能力，增强风险情境下的相应技能，完善基层组织能力建设，通过人员网格化配置，在平急状态切换时能够迅速开展行动，落实相应措施。

2. 合作治理体系

尽管目前社区空间规划建设在我国仍被视为重点，但正如本书第五章和第六章所讨论的，它无法解决社区未来有关长期发展的所有问题。实现韧性也是来自不同利益相关者参与的过程。因此，需要长期考虑维持和协调空间资源。事实上人们日常居住的环境并不等于真正意义上的社区，社区是建筑环境硬件与软件的集合体。社会韧性不能从纯粹冰冷的物理环境中发展起来，而是依赖温暖的社会系统来培养。因此，韧性发展的本质应该促进空间环境及社会环境的协同性。传统自上而下的城市治理手段在应对社区新风险方面存在滞后性，甚至可能阻碍社会资本的发展演变。因此，建议城市政策应聚焦于强调社区发展中的协作机制与自下而上的视角。自下而上的模式需要居民委员会的发展，以及新型社区规划者的涌现，但更重要的是需要合作系统来重新联结不同的社区。公私合作显得至关重要且可填补一些边缘地区的空白，还有望通过统一的社会形式加强设施与服务的供给能力。以下步骤是未来社区合作治理发展的关键：一是发展社区自治能力，通过公众的积极参与和不同社区之间的合作来优化服务与管理；二是通过协作方式制订并执行社区更新计划。除了建议开发城市空间者，还涉及最终的空间管理者和使用者，回归城市本质，成为更有效的解决方案的出口。未来增强邻里社会韧性的路径包含两个维度：一是创造稳健城市形态，二是塑造相应的合作社会形态。这就意味着规划和治理阶段之间需要建立紧密的衔接与合作机制。

针对存量社区韧性提升，治理体系应发挥更重要的角色。政府部门、社区、居民以及第三方服务主体如何建立围绕社区治理的有效机制，形成协同化工具手段，也是政策实施的一大难点。目前较为缺失的是独立分离的社区规划、建设与管理机制。在实施层面，存在一定的责任主体缺失。政府主导的治理目前局限在具有明确公共属性的设施和空间。而边缘化空间和一些半开放空间的治理权责则往往不明晰。基于上述典型问题，需关注缺乏第三方管理的老旧开放社区等特殊类型，加强其基层社区的自组织体系和能力建设，鼓励组织居民有效参与社区事务决策。这些组织可以提高社区资产和设施数量，并进行共同监督和维护，完善社区公共绿地与开放空间活动管理，降低社区公共事务维护成本。通过公私组织和跨边界合作，塑造韧性的治理过程，在制订发展计划阶段吸纳更多利益相关者，通过广泛讨论建立牢固的合作关系。唯有如此，才能确保社区韧性建设的有效参与，共创一个真正可持续的韧性社区。

3. 全过程韧性体系

未来的社区韧性建设需从流程上建立长效机制，实现规划筹备、应急响应、灾后恢复、预防监测的全过程韧性。在规划建设阶段，应强化社区物质空间的防灾减灾能力，如加固房屋、改善基础设施（如供水、供电、通信等）、加强安全交通设施建设等；完善社区社会治理，提升社区居民的风险意识与应对能力，建立快速反应机制，确保在危机发生时能够迅速调动资源、组织救援。在应急响应阶段，应迅速启动应急预案，组织救援队伍，提供紧急救助；协调各方资源，确保社区成员的生命财产安全。在灾后恢复阶段，应迅速开展恢复灾后住房、医疗和教育等基本服务，开展心理疏导与社会支持。预防监测阶段则是正常运行期，但需要防患于未然，建立有效的预警系统，并对社区韧性能力进行定期评估，优化韧性策略，加强基础设施建设和完善应急预案，从而降低风险发生的可能性，优化完善跨部门的合作机制，建立信息共享与应急协同机制。实施社区监测机制是将制定的韧性提升策略付诸实践并建立监测机制，定期评估策略的实施效果，根据结果不断改进和完善策略，包括调整防灾减灾技术方案，提高应急响应速度和效率，或者更合理地分配和使用救援资源。

苏格兰的韧性社区计划是通过5E①方法，促进全过程公众参与韧性能力建设，构建综合应急管理体系；而澳大利亚昆士兰州的社区韧性计划则是建立分阶段的预期目标和关键指标，增强全过程韧性（表7-2）。这些实践为我们提供了可借鉴的模式与路径。

表7-2　澳大利亚昆士兰州社区韧性计划中的全过程韧性②

阶段	预期结果	关键性能指标
1. 灾后阶段重建、恢复和重新连接受灾害影响的社区	（1）社区在灾难发生后重新连接并尽快开始运作 （2）基础设施功能齐全，更能有效应对灾难 （3）地方政府和其他代理机构有能力和信心完成当地重建和恢复项目	a. 在要求的时间框架内100%完成重建和恢复项目 b. 昆士兰州的灾难恢复资金100%安排 c. 降低未来灾害对社区影响的成本 d. 通过改进涉众经验流程来实现可衡量的效率

① 5E方法是一个全面而系统的策略框架，它通过参与、教育、授权、启用和评估5个关键环节，推动个人和组织的持续发展。其中5E指的是：Engagement（参与）、Education（教育）、Empowerment（授权）、Enablement（启用）和Evaluation（评估）。The Scottish Government. Scottish guidance on community resilience［EB/OL］.（2019-05）［2024-06-06］. https：//ready. scot/sites/default/files/2020-09/publications-preparing-scotland-building-community-resilience_. pdf.

② The Queensland Reconstruction Authority. Strategic plan 2021-25［EB/OL］.（2021-01）［2024-06-06］. https：//www. qra. qld. gov. au/sites/default/files/2021-01/qra_strategic-plan_-_2020-24. pdf.

阶段	预期结果	关键性能指标
2. 恢复阶段建立恢复和韧性的能力,加强专家领导和伙伴关系	(1) 昆士兰 2022—2030 年下一个韧性战略已交付 (2) 集成社区恢复网络,以推动恢复并持续提高韧性 (3) 通过更多数据和专家知识获取恢复和恢复优先级和资金的路线图 (4) 咨询和尊重国家和国际级救济、恢复和恢复力方面的专业知识 (5) 建设安全、健康和包容的工作场所,反映和支持创新的工作实践,积极影响居民和为社区提供服务的能力 (6) 加强地方、州、联邦和私营部门的整合,以支持社区复苏	a. 改进质量、数量和对状态范围数据的访问,支持恢复和弹性构建 b. 地方政府和社区领导人通过调查结果给予积极和建设性的反馈 c. 为国家和国家政策议程提供决策支持与证据 d. 工作积极,水平高于公共部门平均水平
3. 预防阶段准备、降低风险,强化韧性	(1) 让昆士兰人更多了解自己的风险,明确如何为灾难做好准备 (2) 增加对可降低灾害风险的项目投资 (3) 昆士兰州的预警基础设施网络被协调起来,以满足最佳实践	a. 有针对性、本地、防灾和恢复计划的社区数量增加 b. 有应急计划的人数增加 c. 整个国家洪水预警网均符合国家标准 d. 数据分析显示人们对风险、韧性和如何准备的认识有所提高 e. 对缓解和减少灾害风险的投资增加

(二) 韧性能力建设

1. 韧性本底综合评估

社区的本底条件评估与韧性提升策略是一个复杂的过程,涉及多个方面的考虑。常见的本底评估和韧性策略制定的实施步骤通常包括以下几方面:一是研判社区基本情况,通过查阅相关资料、统计数据、调查问卷等方式,对社区的人口、经济、社会、文化、环境等方面进行全面了解。二是识别社区优势和劣势,优势可以包括资源丰富、地理位置优越、人才储备充足等；而劣势则包括基础设施落后、环境污染严重、社会矛盾突出等问题。三是评估社区综合韧性，包括分析社区历史上曾面临的主要风险挑战和应对措施，评估社区的基础设施、公共服务、社会组织等方面的抗压能力，以及了解社区居民的心理承受能力和互助合作精神等。四是通过评估进行综合打分识别社区的短板部分。由于个人、群体和社区存在不同的需求、资源、能力和脆弱性，它们可能会相互交叉，从而加剧风险或韧性。基于此，更应考虑性别、社会经济条件、当地社区条件和传统本地认知等因素。多关注低韧性社区的社会运行状态，尤其是当前社会环境下的居民身心健康和经济能力变化，引导加强社区养老及福利资源投入。可基于社区韧性水平从低向高进行排序，建立脆弱社区与弱势人群的台账数据库，加强低韧性社区在风险过程中的服务保障，以促进基层宝贵力量的精准投放。

2. 风险场景应急预案

面临地震、洪水、台风、公共卫生事件等各类灾害和风险时，韧性社区要求配置必备完整的应急预案。通过评估对典型风险的应对机制，社区需定制不同场景的应急细则，并在日常状态下模拟推演。例如，针对地震风险的应急预案应包括灾害发生时的紧急疏散路线、救援物资储备、临时住所安排等。此外，社区还需要结合自身环境特点，提前组织灾害演练，明确建筑物倒塌风险范围，划定设立安全通道；确保居民能够掌握逃生路线和快速抵达避难场所位置；了解基础设施配置及应急状态下的备用设施，以应对可能的断水断电情况；保持政府和救援机构联系渠道的畅通。再以新冠疫情为例，我国许多社区积累了网格化防控经验，如实时限制人员流动、实施居民健康监测、加强公共场所消毒等。为帮助居民了解疫情动态和防护知识，许多社区还通过线上信息平台（如微信群、公众号等）和多类型网络媒体发布的疫情信息（如疫情发展趋势、防疫政策解读、防护知识普及等），帮助居民提高防疫意识，增强自我保护能力，减轻恐慌情绪。

3. 数智赋能社区韧性

在数字化时代背景下，技术发展对社区韧性的提升起着越来越重要的推动作用。社区韧性，即社区在应对各类挑战时的稳定性、适应性和恢复能力，是衡量一个社区成熟度和可持续发展的重要指标。基于数字技术的数据集成和虚拟管理是未来的发展趋势，数智赋能社区韧性主要体现在以下几个方面。

首先，信息传播效率的提升。信息传播途径日益丰富，如社交媒体、网络论坛和大数据分析等技术手段能够大大提高信息效率和准确性，使社区居民在应对突发事件或灾害时能够迅速获取相关信息，及时采取应对措施。同时，通过采集汇聚大数据，开展历史推演和模拟分析还可精准把握社区灾害风险和承载的动态过程，为防灾决策提供有力支持，进一步提高应急服务的针对性和有效性。

其次，基础设施的智能化升级。基础设施建设是社区韧性的重要支撑。技术创新在基础设施建设方面发挥着不可或缺的作用，尤其是新型基础设施与传统基础设施的融合发展。通过引入 5G、物联网、人工智能等先进技术，可以有效提升基础设施的抗灾能力、恢复能力和可持续发展能力。这不仅为社区居民提供了更加稳定、高效的公共服务，还有助于保障社会经济的稳定发展。

再次，社区治理的数字工具创新。社区治理的数字工具是提升社区韧性的核心环节。技术创新为社区治理提供了新的思路和方法，如人工智能技术实现了社区安全监控、环境监测等方面的智能化，提高了社区管理水平；区块链技术构建了透明、公正、高效的社区治理体系，提升了社区居民的参与度和满意度。此外，大数据、云计算等技术还可以为社区治理提供数据支持，助力决策者制定更为科学合理的政策。

最后，居民主体意识和专业素养的提升。居民的主体意识和专业素养是影响社区韧性的关键社会因素。技术创新为居民素养提升提供了丰富的学习资源和途径，通过在线教育、远程培训、虚拟现实等技术手段，居民可以更加便捷地获取知识和技能，提高自身应对各种挑战的能力。同时，通过组织各类技术培训、科普活动等，也增强了居民对新技术的认知和应用能力，使社区更具韧性。值得注意的是，在技术转化方面，社区韧性培训与教育体系建设也是当前的薄弱领域。通过政府、企业、社会组织、科研机构等多方合作，可以实现技术资源、人才资源、资金资源的优化配置，共同推动社区韧性发展。此外，技术创新还可以促进跨界交流与协作，如通过创新创业大赛、技术沙龙等活动，激发社区创新活力。

本章小结

本章围绕"韧性社区的未来行动"进行了深入探讨，从全球视角出发，介绍了韧性社区的建设目标和体系建设，通过比较多个国家及地区的实施案例，总结出抗灾能力、健康福祉、自然与生物多样性、基础设施、经济和就业等多维度的发展目标。同时，针对我国现实情况，提出了保障困难群体、加强基础设施建设、创造经济就业机会等未来对策。本章还着重探讨了韧性体系建设和韧性能力建设的重要性，包括"平急两用"体系、合作治理体系、全过程韧性体系，以及韧性本底综合评估、风险场景应急预案和数智赋能社区韧性等具体措施。通过构建全方位的韧性体系，提升社区的综合韧性能力，以实现社区在面对各类灾害和风险时的有效应对和可持续发展。

结　语

韧性社区的未来发展任重而道远，建立健全长效机制路径是推动其持续发展的关键。我们需要关注体系和能力的双重建设，确保韧性社区能够在复杂多变的环境中稳步前行。回顾各国经验，韧性社区的建设通常涵盖框架制定、协作组织、公众参与、技术工具等多个方面，并配套出台的法律和政策进行制度上的支持与保障。国家级政府机构制定总体韧性战略，地方则结合自身特点和实际需求提出更具体的目标发展定位。建立韧性社区的能力与制度体系、推进技术工具创新在促进社区韧性进步方面具有重要意义。未来，我国应充分发挥技术创新的优势，将其融入社区韧性建设之中，以提升社区对各种挑战的应对能力和可持续发展能力。在体系方面，应着手于国家层面的韧性制度建设，建立全面的韧性技术框架，促进多种工具融合开发，实现政策与技术的深度融合。鉴于在社区层级的高度地方性、多样性和复杂风险环境，韧性建设具有能力目标和实现过程的双重属性，即在目标上，需要落实以人为本、全人群覆盖和弱势群体保障的能力；在过程上，建立健全长效机制，通过现状评估、风险研判、全过程韧性实施等手段，实现社区韧性的动态监测、评估与优化。在这一过程中，应强化多主体互动参与，形成全流程循环反馈机制。

综上所述，韧性社区的建设是一个长期而持续的过程，它既是全球性的发展趋势，也是国家层面的重要战略；它既是理想中的目标愿景，也是可操作的政策路径；它既是专业技术的创新展现，也是社会各界共同协作的成果。我们需以坚定的信念、科学的规划与不懈的努力，共同推进韧性社区的全面发展，为构建更加安全、和谐、可持续的社会贡献力量。

参 考 文 献

［1］ United Nations. Transforming our world：the 2030 agenda for sustainable development ［EB/OL］. （2015）［2024-06-06］. https：//sdgs. un. org/ publications/transforming－our－world－2030－agenda－sustainable－develop- ment－17981.

［2］ World Economic Forum. Global risks report 2022 ［EB/OL］. （2022-01- 11）［2024－06－06］. https：//www. weforum. org/publications/global－ risks－report－2022/.

［3］ 中华人民共和国应急管理部. 应急管理部发布 2022 年全国自然灾害 基本情况 ［EB/OL］. （2023－01－13）［2024－06－06］. https：// www. mem. gov. cn/xw/yjglbgzdt/202301/t20230113_ 440478. shtml.

［4］ 住房和城乡建设部. 城市居住区规划设计标准 GB 50180—2018 ［EB/ OL］. （2018－11－30）［2024－06－06］. https：//www. mohurd. gov. cn/ gongkai/zhengce/zhengcefilelib/201811/20181130_ 238590. html.

［5］ SCHMIDT－SANE M, HRYNICK T, NIEDERBERGER E. Community resilience：key concepts and their applications to epidemic shocks ［EB/ OL］. （2021－05－26）［2024－06－06］. https：//www. socialscienceinac- tion. org/resources/community-resilience-key-concepts-and-their-appli- cations-to-epidemic-shocks/.

［6］ 彭翀, 郭祖源, 彭仲仁. 国外社区韧性的理论与实践进展 ［J］. 国际 城市规划, 2017, 32 （4）：60-66.

［7］ 徐选国, 陈杏钧. 社会工作介入"社区韧性"的生产机制与"韧性社

区"的目标构建：基于对重大疫情防控的经验研究［J］．河海大学学报（哲学社会科学版），2021，23（4）：68-76+107-108.

［8］邵亦文，徐江．城市韧性：基于国际文献综述的概念解析［J］．国际城市规划，2015，30（2）：48-54.

［9］沈迟，胡天新．韧性城市：化解城市灾害的新理念［J］．城市与减灾，2017（4）：1-4.

［10］李彤玥，牛品一，顾朝林．弹性城市研究框架综述［J］．城市规划学刊，2014（5）：23-31.

［11］西亚姆巴巴拉·伯纳德·曼耶纳，张益章，刘海龙．韧性概念的重新审视［J］．国际城市规划，2015，30（2）：13-21.

［12］李彦琛，谢媛．新冠疫情防控中城市老旧社区的韧性研究［J］．经济研究导刊，2022（1）：55-57.

［13］PLAUT P O, BOARNET M G. New urbanism and the value of neighborhood design［J］．Journal of architectural and planning research，2003，20（3）：254-265.

［14］TALEN E. Charter of the new urbanism［M］．2nd ed. McGraw-Hill professional，2013.

［15］COLLISON P. Town Planning and the Neighbourhood Unit Concept［J］．Public administration，1954（32）：463.

［16］CUTTER S L, et al. A place-based model for understanding community resilience to natural disasters［J］．Global environmental change，2008，18（4）：598-606.

［17］JOHNSON D L. Origin of the Neighbourhood Unit［J］．Planning perspectives，2002，17（3）：227-245.

［18］李德华．城市规划原理［M］．北京：中国建筑工业出版社，2001.

［19］CUTTER S L, BURTON C G, EMRICH C T. Disaster resilience indicators for benchmarking baseline conditions ［J］. Journal of homeland security and emergency management, 2010, 7 (1) .

［20］ 张力伟, 高子涵. 人心与治理: 如何通过提升社区温度塑造社区韧性? 基于 D 社区的个案研究 ［J］. 社会政策研究, 2022 (3): 94-110.

［21］ ZHANG Q, XUE S S, ZOU C D. A Community Resilience Evaluation and Optimization Strategy based on Stormwater Management ［J］. Journal of resources and ecology, 2022, 13 (3): 360-370.

［22］ 沈丽娜, 田玉娉, 杜雅星. 老旧小区韧性评价体系及韧性改造研究: 以西安老城东南片区为例 ［J］. 城市问题, 2021 (8): 45-54.

［23］ SONN C C, FISHER A T. Sense of community: community resilient responses to oppression and change ［J］. Journal of community psychology, 1998, 26 (5), 457-472.

［24］ LINDT V D, JOHN W, SUTLEY, et al. Community-level framework for seismic resilience. I: coupling socioeconomic characteristics and engineering building systems ［J］. Natural hazards review, 2016. 18 (3): 04016014.

［25］ 徐耀阳, 李刚, 崔胜辉, 等. 韧性科学的回顾与展望: 从生态理论到城市实践 ［J］. 生态学报, 2018, 38 (15): 5297-5304.

［26］ 崔鹏, 李德智, 陈红霞, 等. 社区韧性研究述评与展望: 概念、维度和评价 ［J］. 现代城市研究, 2018 (11): 119-125.

［27］ 杨旎. 城市精细化管理与基层治理创新互嵌: 实践模式与理论探讨 ［J］. 新视野, 2020 (3): 73-79.

［28］ 朱怡, 周悦, 李佳宸, 等. 后疫情视角下的韧性社区公共空间设计研究: 以武汉市光谷青年城为例 ［J］. 城市发展研究, 2022, 29 (5): 59-67.

［29］ HOLLING C S. Resilience and stability of ecological systems ［J］. Annual review of ecology and systematics, 1973, 4（1）: 1-23.

［30］ NORRIS F H, STEVENS S P, PFEFFERBAUM B, et al. Community resilience as a metaphor, theory, set of capacities, and strategy for disaster readiness ［J］. American journal of community psychology, 2008, 41（1-2）: 127-150.

［31］ LEYKIN D, LAHAD M, COHEN O, et al. Conjoint community resiliency assessment measure-28/10 items（ccram28 and ccram10）: a self-report tool for assessing community resilience ［J］. American journal of community psychology, 2013, 52（3-4）: 313-323.

［32］ GEIS D E. By design: the disaster resistant and quality-of-life community ［J］. Natural hazards review, 2000, 1（3）: 151-160.

［33］ CHASKIN R J. Building community capacity: a definitional framework and case studies from a comprehensive community initiative ［J］. Urban affairs review, 2001, 36（3）: 291-323.

［34］ HONG B, et al. Measuring inequality in community resilience to natural disasters using large-scale mobility data ［J］. Nature communications, 2021, 12（1）: 1870.

［35］ JOERIN J, SHAW R. Mapping Climate and Disaster Resilience in Cities ［J］. Community, 2011（6）: 47-61.

［36］ CIMELLARO G P, RENSCHLER C, REINHORN A M, et al. PEOPlES: a framework for evaluating resilience ［J］. Journal of structural engineering, 2016, 142（10）: 04016063.

［37］ National Institute of Standards and Technology. Community Resilience Planning Guide ［EB/OL］.（2022-04-05）［2024-04-29］. https://www. nist. gov/community-resilience/planning-guide.

［38］ GOAL. Arc-d toolkit user guidance manual. ［EB/OL］.（2016-10）

［2024 - 04 - 29］. https：//resiliencenexus. org/wp - content/uploads/ 2018/10/ARC - DToolkitUserManual - Nov2017 - B02 _ Printing Quali-ty. pdf.

［39］FEMA. National risk index［EB/OL］. ［2024-04-29］. https：//hazards. fema. gov/nri/map.

［40］OSTADTAGHIZADEH A, ARDALAN A, PATON D, et al. Community disaster resilience：a qualitative study on Iranian concepts and indicators ［J］. Natural hazards, 2016, 83（3）：1843-1861.

［41］SCHERZER S, LUJALA P, RØD J K. A community resilience index for Norway：an adaptation of the baseline resilience indicators for communities （BRIC）［J］. International journal of disaster risk reduction, 2019 （36）：101-107.

［42］PFEFFERBAUM R, PFEFFERBAUM B, ZHAO Y D, et al. Assessing community resilience：a cart survey application in an impoverished urban community［J］. Disaster health, 2016, 3（2）：45-56.

［43］赵鹏霞, 朱伟, 王亚飞. 韧性社区评估框架与应急体制机制设计及在雄安新区的构建路径探讨［J］. 中国安全生产科学技术, 2018, 14（7）：12-17.

［44］NIST. Community resilience planning guide for buildings and infrastructure systems［EB/OL］. （2020 - 10）［2024 - 06 - 06］. https：//nvlpubs. nist. gov/nistpubs/SpecialPublications/NIST. SP. 1190GB-16. pdf.

［45］CISA. National infrastructure protection plan and resources［EB/OL］. （2013）［2024-04-25］. https：//www. cisa. gov/topics/critical-infra-structure - security - and - resilience/national - infrastructure - protection - plan-and-resources.

［46］辛闻. 世行：投资建设更具韧性的基础设施可收益 4.2 万亿美元

［EB／OL］．（2019-06-20）［2024-04-29］．http：//cn. chinagate. cn/news/2019-06/20/content_ 74903680. htm.

［47］ VISSCHER S D, MARIA B B, VERSCHELDEN G. Urban public space and the construction of social life：a social-pedagogical perspective ［J］. International journal of lifelong education, 2012, 31（1）：97-110.

［48］ SONG S, DIAO M, FENG C. Urban mobility and resilience：transport infrastructure investment and the demand for travel ［J］. Advances in 21st century human settlements, 2019.

［49］ Public Safety Canada. Canada. emergency management strategy - toward a resilient 2030 ［EB／OL］．（2021-07-16）［2024-04-25］. https：// www. preventionweb. net/publication/canada - emergency - management - strategy-toward-resilient-2030.

［50］ Queensland Reconstruction Authority. Flood resilient building guidance for Queensland homes ［EB／OL］．（2019-02）［2024-04-25］. https：//www. qra. qld. gov. au/sites/default/files/2024-06/Flood_ Resilient_ Building_ Guidance_ for_ Queensland_ Homes_ February_ 2019%29. pdf.

［51］ Brisbane City Council. How to improve flood resilience for homeowners ［EB／OL］．［2024-04-25］. https：//www. sustainablebrisbane. com. au/home-flood-resilience/.

［52］ The City of Edinburgh Council. Edinburgh city plan 2030 ［EB／OL］. ［2024-04-25］. https：//www. edinburgh. gov. uk/local-development- plan-guidance-1/city-plan-2030.

［53］ The Department of City Planning in New York. Resilient neighborhoods：sheepshead bay ［EB／OL］．［2024-04-25］. https：//www. nyc. gov/ site/planning/plans/resilient-neighborhoods/sheepshead-bay. page.

［54］ The Department of City Planning in New York. Zoning for coastal flood re-

siliency［EB/OL］.（2021-05-12）［2024-04-25］. https：//www.
nyc. gov/site/planning/plans/flood-resilience-zoning-text-update/flood-
resilience-zoning-text-update. page.

［55］ Boston planning & development agency. Clippership Wharf Residential.
［EB/OL］.［2024-04-25］. https：//www. bostonplans. org/urban-de-
sign/sustainability-and-resilience-review/climate-resilience-building-
case-study/clippership-wharf-residential.

［56］ SHI P. Atlas of Self-linear disaster systems in China［M］. Beijing：
Scientific Press, 2003.

［57］ 霍韦婧, 林思雨, 邱志鑫, 等. 基于公园城市理念下的滨水基础设
施构建初探：以布鲁克林大桥公园为例［J］. 城市建设理论研究
（电子版）, 2019（1）：10-11.

［58］ 肖婧, 李松平, 梁姗. 健康的韧性城市规划模型构建与策略［J］.
规划师, 2020, 36（6）：61-64.

［59］ 王巍. 社区治理精细化转型的实现条件及政策建议［J］. 学术研究,
2012（7）：51-55.

［60］ 龙瀛, 茅明睿, 毛其智, 等. 大数据时代的精细化城市模拟：方法、
数据和案例［J］. 人文地理, 2014, 29（3）：7-13.

［61］ 柴彦威, 李春江, 张艳. 社区生活圈的新时间地理学研究框架［J］.
地理科学进展, 2020, 39（12）：1961-1971.

［62］ 孙道胜, 柴彦威. 城市社区生活圈体系及公共服务设施空间优化：
以北京市清河街道为例［J］. 城市发展研究, 2017, 24（9）：2+7-
14+25.

［63］ 周弦. 15分钟社区生活圈视角的单元规划公共服务设施布局评估：
以上海市黄浦区为例［J］. 城市规划学刊, 2020（1）：57-64.

［64］ 廖远涛, 胡嘉佩, 周岱霖, 等. 社区生活圈的规划实施途径研究

[J]. 规划师，2018，34（7）：94-99.

[65] 卞硕尉，奚文沁. 城市 15 分钟社区生活圈的规划探索：以上海市、济南市的实践为例 [J]. 城市建筑，2018（36）：27-30.

[66] 周岱霖，黄慧明. 供需关联视角下的社区生活圈服务设施配置研究：以广州为例 [J]. 城市发展研究，2019，26（12）：1-5+18.

[67] 黄慧明，周岱霖，王烨. 基于居住形态类型的社区生活圈空间组织模式研究：以广州为例 [J]. 城市规划学刊，2021（2）：94-101.

[68] 王承慧，邱建维，瞿嘉琳，等. 社区中心空间类型和服务效益：对社区生活圈规划的启示 [J]. 现代城市研究，2021（8）：43-50.

[69] 牛强，易帅，顾重泰，等. 面向线上线下社区生活圈的服务设施配套新理念新方法：以武汉市为例 [J]. 城市规划学刊，2019（6）：81-86.

[70] 张夏坤，裴新蕊，李俊蓉，等. 生活圈视角下天津市中心城区公共服务设施配置的空间差异 [J]. 干旱区资源与环境，2021，35（3）：43-51.

[71] 赵鹏军，罗佳，胡昊宇. 基于大数据的生活圈范围与服务设施空间匹配研究：以北京为例 [J]. 地理科学进展，2021，40（4）：541-553.

[72] 魏伟，洪梦谣，谢波. 基于供需匹配的武汉市 15 分钟生活圈划定与空间优化 [J]. 规划师，2019，35（4）：11-17.

[73] 陈秋晓，徐丹，葛晓丹，等. 保障性住区公共服务设施供需关系及优化配置策略研究 [J]. 西部人居环境学刊，2017，32（2）：81-88.

[74] 韩非，罗仁朝. 基于可达性测度的城市社区居家养老服务供需匹配研究：以南京为例 [J]. 经济地理，2020，40（9）：91-101.

[75] 王丽丹，谭许伟，刘治国，等. 基于供需关系分析的沈阳市幼儿园优化布局研究 [J]. 城市规划，2016，40（S1）：43-49+68.

[76] 赵立志，高思琪. 基于人口密度的社区卫生服务设施布局优化研究：

以北京市中心城区为例 [J]. 城市发展研究, 2020, 27 (4): 26-32.

[77] 赵静, 马晓亚, 朱莹. 外来人口聚居社区公共服务设施供需特征及影响因素: 以南京殷巷社区为例 [J]. 现代城市研究, 2017 (3): 14-21.

[78] 黄明华, 胡仕婷, 赵冰婧, 等. 街区制模式下小学布局理论的现实困境及其继承与发展 [J]. 城市发展研究, 2020, 27 (6): 43-50.

[79] 端木一博, 柴彦威. 社区设施供给与居民需求的时空匹配研究: 以北京清上园社区为例 [J]. 地域研究与开发, 2018, 37 (6): 76-81.

[80] 马文军, 李亮, 顾娟, 等. 上海市 15 分钟生活圈基础保障类公共服务设施空间布局及可达性研究 [J]. 规划师, 2020, 36 (20): 11-19.

[81] 常飞, 王录仓, 马玥, 等. 城市公共服务设施与人口是否匹配? 基于社区生活圈的评估 [J]. 地理科学进展, 2021, 40 (4): 607-619.

[82] 李萌. 基于居民行为需求特征的 "15 分钟社区生活圈" 规划对策研究 [J]. 城市规划学刊, 2017 (1): 111-118.

[83] PEDRO J, SILVA C, PINHEIRO M D. Integrating GIS spatial dimension into BREEAM communities sustainability assessment to support urban planning policies, Lisbon case study [J]. Land use policy, 2019, 83: 424-434.

[84] 陆绍凯, 曾月. 疫情封闭式管理视角下社区公共空间配置的防疫能力评估: 以成都为例 [J]. 现代城市研究, 2021 (2): 86-91.

[85] 戴铜, 朱美霖, 吕飞. 突发公共卫生事件下的城市开放社区规划反思与应对策略 [J]. 规划师, 2020, 36 (6): 98-101.

[86] 黄颖, 许旺土, 黄凯迪. 面向国土空间应急安全保障的控制性详细规划指标体系构建: 以应对突发公共卫生事件为例 [J]. 自然资源学报, 2021, 36 (9): 2405-2423.

[87] 彭翀, 李月雯, 王才强. 突发公共卫生事件下 "多层级联动" 的城

市韧性提升策略 [J]. 现代城市研究, 2020 (9): 40-46.

[88] 王兰, 贾颖慧, 李潇天, 等. 针对传染性疾病防控的城市空间干预策略 [J]. 城市规划, 2020, 44 (8): 13-20+32.

[89] 杨俊宴, 史北祥, 夏歌阳, 等. "城市—社区"兼顾型城市双尺度防疫体系构建 [J]. 科学通报, 2021, 66 (Z1): 433-438.

[90] 刘佳燕. 新型冠状病毒肺炎疫情背景下社区防疫规划和治理体系研究 [J]. 规划师, 2020, 36 (6): 86-89.

[91] 黄慧明, 龙萧如, 冯萱, 等. 新时代广州城镇老旧小区改造的政策创新与实践 [J]. 上海城市规划, 2023 (4): 45-51.

[92] 胡畔, 张筠, 程嘉璐. 社区公共服务设施空间弹性治理策略研究: 以南京市为例 [J]. 规划师, 2023, 39 (3): 44-50.

[93] 刘泉, 钱征寒, 黄丁芳, 等. 15分钟生活圈的空间模式演化特征与趋势 [J]. 城市规划学刊, 2020 (6): 94-101.

[94] 黄婧. 基于儿童友好空间营造的城市规划建设探索: 以上海松江新城为例 [J]. 上海城市规划, 2022 (3): 81-86.

[95] 赵鹏军, 罗佳, 胡昊宇. 基于大数据的老年人生活圈及设施配置特征分析: 以北京市为例 [J]. 地理科学, 2022, 42 (7): 1176-1186.

[96] 中华人民共和国住房和城乡建设部. 住房和城乡建设部等部门关于开展城市居住社区建设补短板行动的意见 [Z]. 2020.

[97] 吴良镛. 住房·完整社区·和谐社会: 吴良镛致辞 [J]. 住区, 2011 (2): 18-19.

[98] 黄伟, 黄军林. 基于耦合协调发展理论的社区级公共服务设施"供-需"均衡性评价 [J]. 湖南师范大学自然科学学报, 2022, 45 (6): 21-31.

[99] 向守乾, 许金华, 杨磊. 全生命周期公共服务设施供给体系优化研究 [J]. 规划师, 2022, 38 (9): 71-78.

[100] 冯君明，李翅，孙悦昕，等. 城市公共服务设施供需空间匹配研究：以北京市回天地区为例 [J]. 城市规划，2023，47 (5)：75-85.

[101] 吴培培，朱小川，王伟. 上海市公共服务功能设施供需匹配研究：基于居民需求异质性视角的分析 [J]. 城市问题，2023 (4)：87-95.

[102] 陈天，石川淼，张睿. 儿童需求视角下的中外城市公共服务设施空间布局对比研究：以天津和新加坡为例 [J]. 城市发展研究，2023，30 (2)：32-40.

[103] 杨静，吕飞，史艳杰，等. 社区体检评估指标体系的构建与实践 [J]. 规划师，2022，38 (3)：35-44.

[104] 洪梦谣，魏伟，夏俊楠. 面向"体检-更新"的社区生活圈规划方法与实践 [J]. 规划师，2022，38 (8)：52-59.

[105] 黄昕，李家艺，敦力民，等. 高分辨率地理空间信息支持下的城市与社区体检：方法与案例 [J]. 测绘地理信息，2023，48 (5)：1-6.

[106] 王晓云，钱颖，于欣彤，等. 基于数据价值挖掘的精准化社区公共服务设施体检研究 [J]. 城市学刊，2023，44 (5)：72-80.

[107] 孙鹃娟，蒋炜康，陈雨欣. 医养康养相结合的养老服务体系：政策意涵与实践路径 [J]. 北京行政学院学报，2023 (2)：109-118.

[108] 金筱霖，王晨曦，张璐，等. 数字赋能与韧性治理双视角下中国智慧社区治理研究 [J]. 科学管理研究，2023，41 (1)：90-99.

[109] 李良玉，魏立华. 日本托育服务设施供给方式研究：以仙台市为例 [J]. 智能建筑与智慧城市，2020 (6)：68-71.

[110] 伊藤增辉，周燕珉，秦岭. 日本社区嵌入型养老设施配置发展经验对中国的启示 [J]. 国际城市规划，2020，35 (1)：20-28.

[111] 仙台市. 仙台市社会的养育推进计画 2020-2029 [EB/OL]. (2020) [2024-04-25]. https://www.city.sendai.jp/kodomo-ji-gyo/kurashi/kenkotofukushi/kosodate/yogoshisetsu/keikaku.html.

［112］日本厚生労働省．介护サービス施设・事业所调查［EB/OL］．［2024-04-25］．https：//www.mhlw.go.jp/toukei/list/24-22-2.html.

［113］Singapore Government. THE planning act master plan written statement 2019［EB/OL］.（2019）［2024-04-25］. https：//www. ura. gov. sg/-/media/Corporate/Planning/Master-Plan/MP19writtenstatement. pdf.

［114］CONGDON P. COVID-19 Mortality in english neighborhoods：the relative role of socioeconomic and environmental factors［J］. J.2021, 4（2）：131-146.

［115］克莱·舍基．未来是湿的：无组织的组织力量［M］．胡泳，沈满琳，译．北京：中国人民大学出版社，2009.

［116］张明．论第三部门在社区建设中的功能［J］．江海学刊，2001（6）：45-47.

［117］DEKKER P, USLANER E M. Social capital and participation in everyday life［M］. Routledge, 2001.

［118］PUTNAM R D. Bowling alone：America's declining social capital［J］. Journal of Democracy, 1995, 6（1）：65-78.

［119］刘志林，廖露，钮晨琳．社区社会资本对居住满意度的影响：基于北京市中低收入社区调查的实证分析［J］．人文地理，2015，30（3）：21-27+71.

［120］MILGRAM, STANLEY. Behavioral study of obedience［J］. Journal of abnormal psychology, 1963, 67（4）：371.

［121］GRANOVETTER M S. The strength of weak ties［J］. American journal of sociology, 1973, 78（6）：1360-1380.

［122］WOOD L, SHANNON T, BULSARA M, 等．郊区安全与社会问题：建成环境、社会资本和居民安全感认知的探索性研究［J］．城市规

划学刊, 2015 (3): 122-123.

[123] DOLL L S, BONZO S E, SLEET D A, et al. Building resilience to mass trauma events [J]. Springer us, 2007, 18 (19): 347-358.

[124] FRANCESCUTTI L H. Handbook of Injury and Violence Prevention [J]. Family & community health, 2009, 32 (2): 190-191.

[125] MILLER E, BUYS L. The role of social capital in predicting and promoting 'feelings of responsibility' for local environmental issues in an Australian community [J]. Australasian journal of environmental management, 2008, 15 (4): 231-240.

[126] CURRIE G, STANLEY J. Investigating links between social capital and public transport [J]. Transport reviews, 2008, 28 (4): 529-547.

[127] COLANTONIO A. Measuring social sustainability: best practice from urban renewal in the EU [C]. EIBURS Working Paper Series, 2007.

[128] ROGERS G O, SUKOLRATANAMETEE S. Neighborhood design and sense of community: comparing suburban neighborhoods in Houston Texas [J]. Landscape and urban planning, 2009, 92 (3-4): 325-334.

[129] KLEINHANS R, PRIEMUS H, ENGBERSEN G. Understanding social capital in recently restructured urban neighbourhoods: two case studies in Rotterdam [J]. Urban studies, 2007, 44 (5-6): 1069-1091.

[130] 詹姆斯·S. 科尔曼. 社会理论的基础（上·下）[M]. 北京：社会科学文献出版社, 2008.

[131] 俞可平. 社会资本与草根民主：罗伯特·帕特南的《使民主运转起来》[J]. 经济社会体制比较, 2003 (2): 21-25.

[132] 朱伟珏. "资本"的一种非经济学解读：布迪厄"文化资本"概念 [J]. 社会科学, 2005 (6): 117-123.

[133] NORRIS F H, STEVENS S P, PFEFFERBAUM B, et al. Community re-

silience as a metaphor, theory, set of capacities, and strategy for disaster readiness [J]. American journal of community psychology. 2008, 41 (1-2): 127-150.

[134] TERPSTRA T. Emotions, trust, and perceived risk: affective and cognitive routes to flood preparedness behavior [J]. Risk analysis: an official publication of the society for risk analysis, 2011, 31 (10): 1658-75.

[135] 郭子莹. 治理视角下社会资本参与社区共治模式研究：以黄金城道营造实践为例 [C] //中国城市规划学会. 人民城市, 规划赋能：2022 中国城市规划年会论文集. 2023.

[136] COLES E, BUCKLE P. Developing community resilience as a foundation for effective disaster recovery [J]. Australian journal of emergency management, 2004, 19 (4): 6-15.

[137] 曾鹏, 于泽汝, 王雨. 弹性生活圈理念下的小区出入口平疫管控研究：以天津市和平区为例 [J]. 南方建筑, 2023, 220 (2): 69-76.

[138] ENGLE N L. Adaptive capacity and its assessment [J]. Global Environmental change, 2011, 21 (2): 647-656.

[139] GROTHMANN T, PATT A. Adaptive capacity and human cognition: The process of individual adaptation to climate change [J]. Global environmental change, 2005, 15 (3): 199-213.

[140] SHARMA S, SHARMA J, DEVI A. Corporate social responsibility: the key role of human resources management [J]. Business intelligence journal, 2009, 2 (1): 205.

[141] ArchDaily. Climate adapted neighborhood/tredje natur [EB/OL]. (2012-08-26) [2024-04-25]. https://www.archdaily.com/266077/ climate-adapted-neighborhood-tredje-natur.

［142］ City of Copenhagen. A continuous green urban space ［EB/OL］. ［2024-04-25］. https：//klimakvarter. dk/en/projekt/skt-kjelds-plads/.

［143］ 叶宏，姚圣 . 美国社区韧性更新中的公众参与实践与启示 ［J］. 智能建筑与智慧城市，2023（4）：24-27.

［144］ 陈寿松，翟国方，葛懿夫，等 . 基于 QRH 理念的传染病风险下社区治理与韧性提升研究 ［J］. 国际城市规划，2023（3）：54-62.

［145］ ZHANG L W, ZHAO J, LIU J X, et al. Community disaster resilience in the COVID-19 outbreak：insights from Shanghai's experience in China ［J］. Risk management and healthcare policy, 2020（13）：3259-3270.

［146］ UK Health Security Agency. User guide：weather-health alerting system ［EB/OL］. （2024-06）［2024-06-30］. https：//assets. publishing. service. gov. uk/media/65450c2b59b9f5001385a240/User-guide-impact-based-weather-and-health-alerting-system. pdf.

［147］ 肖华斌，郭妍馨，王玥，等 . 应对高温健康胁迫的社区尺度缓解与适应途径：纽约清凉社区计划的经验与启示 ［J］. 规划师，2022，38（6）：151-158.

［148］ 相欣奕 . 韧性智慧②|温哥华：连结，准备，繁荣兴旺 ［EB/OL］. （2021-10-19）［2024-06-06］. https：//m. thepaper. cn/newsDetail_forward_ 14916248.

［149］ 日本爱媛县东北部今治市清洁中心 . SHELTER 避难所机能 ［EB/OL］. ［2024-06-06］. http：//bariclean. jp/shelter.

［150］ 梁宏飞 . 日本韧性社区营造经验及启示：以神户六甲道车站北地区灾后重建为例 ［J］. 规划师，2017，33（8）：38-43.

［151］ GE Y G, KAPUCU N, ZOBEL C W, et al. Building community resilience through cross-sector partnerships and interdisciplinary research ［J］. Public administration review, 2023, 83（5）：1415-1422.

［152］刘宁，张志彤，黄金池．泰国湄南河 2011 年洪水观察与启示［J］．中国工程科学，2013，15（4）：108-112.

［153］LI H X, WANG X, LI Z K, et al. Risk perception and resilience assessment of flood disasters based on social media big data［J］. International Journal of Disaster Risk Reduction. 2024, 101（2）：104249.

［154］LI L Y, MA Z H, CAO T. Leveraging social media data to study the community resilience of New York City to 2019 power outage［J］. International Journal of Disaster Risk Reduction, 2020, 51（12）：101776.

［155］KERSTHOLT J, DUIJNHOVEN H, PATON D. Flooding in the Netherlands：how people's interpretation of personal, social and institutional resources influence flooding preparedness［J］. International journal of disaster risk reduction, 2017（24）：52-57.

［156］ALEX Y L, XU B X, SU R X, et al. Social capital and community preparation for urban flooding in China［J］. Applied geography, 2015. 64（10）：1-11.

［157］日本内阁官房．国土强靱化基本计画［EB/OL］．［2024-06-06］. https：//www. cas. go. jp/jp/seisaku/kokudo_ kyoujinka/kihon. html.